# BLOCKCHAIN

## Tudo o Que Você Precisa Saber

POTENCIAL E REALIDADE,
Fundamentos, Estrutura, Casos de Uso e
seu Papel na Evolução da Internet

## TATIANA REVOREDO

BLOCKCHAIN: Tudo o Que Você Precisa Saber

POTENCIAL E REALIDADE: Fundamentos, Estrutura, Casos de Uso e seu Papel na Evolução da Internet

1ª Edição, Agosto 2019

Autora: Tatiana Revoredo

Editora: The Global Strategy
https://theglobalstg.com
Layout: Fabrícia Fedoci

Revisão: Maggie Castorino
Publicado pela Amazon
@ Tatiana Revoredo, 2019

Copyright @ 2019 por Tatiana Revoredo

Todos os direitos reservados. Nenhuma parte deste livro pode ser reproduzida em qualquer forma por meios mecânicos eletrônicos, incluindo fotocópia, gravação ou armazenamento e recuperação de informações sem a permissão por escrito da autora, exceto no caso de breves citações incorporadas em revisões críticas e outros usos não comerciais permitidos pela legislação de direitos autorais.

Este livro não oferece nenhum conselho de investimento. Todos os links no livro eram válidos no momento da publicação. Nenhuma responsabilidade é assumida sobre o conteúdo dos links.

# Agradecimentos

Dedicado a meu pai, Carlos Revoredo, por me mostrar a importância de manter sempre uma mente aberta.

À minha mãe, Maria Lúcia, por me ensinar a sabedoria da paciência, persistência e delicadeza na realização dos objetivos.

À Brie, por sua dedicação incondicional e por me fazer acreditar no impossível.

Tatiana

# Sobre a Autora

Tatiana Revoredo é CSO na *The Global Strategy*, e representante do *European Law Observatory on New Technologies* no Brasil. Membro fundadora da *Oxford Blockchain Foundation,* é também Professora de Blockchain no INSPER e na Nextlaw Academy.

Blockchain Strategist pela Saïd Business School - University of OXFORD, especialista em Blockchain: Innovation and Business Application pelo MIT - Massachusetts Institute of Technology, e Cyber Risk Mitigation pela Harvard University.

Convidada pelo Parlamento Europeu para o "Intercontinental Blockchain Conference".

Membro do "Government Blockchain Association". Patron Member do "International Blockchain Real Estate Association".

Esteve nos maiores eventos mundiais sobre Blockchain como o *Business of Blockchain* no *MIT Media Lab* em Cambridge, Consensus em Nova Iorque, Fórum Econômico Mundial em Davos, Fórum Mundial da Internet em Zurich,

*Fintech & Blockchain Symposium* na *Saïd Business School – University of Oxford.*

# Prefácio

Há 10 anos, Satoshi Nakamoto apresentava ao mundo o Bitcoin e sua tecnologia subjacente, que o mercado passou a chamar de "Blockchain", inaugurando uma nova era e todos os avanços dela decorrentes.

Em paralelo, a Internet nos levou a um mundo hiperconectado, tornando-se um direito fundamental para bilhões de pessoas, e pedra angular de um novo modo de se fazer negócios que utiliza informação e tecnologia como facilitadores da comunicação, transferência de dados e transações comerciais.

Neste cenário, a arquitetura Blockchain surge para marcar o próximo passo da evolução da Internet, estabelecendo os fundamentos para uma Web melhor. Uma Internet onde os usuários estão no controle de seus próprios dados, identidade e destino.

E se não tivéssemos mais que rotear nossas interações por meio de serviços centralizados? E se as violações de dados fossem remanescentes de uma infraestrutura defeituosa antiga? Cada peça da tecnologia Blockchain é um passo em direção a uma sociedade administrada em redes peer-to-peer, tendo como principal premissa o ser humano.

Assim como ocorre quando uma nova tecnologia surge, os impactos sociais, financeiros e culturais provocados pela tecnologia Blockchain demandam reflexão e respostas para questões complexas e globais, que pouco têm a ver com talentos pessoais, e mais com liderança de um amplo debate, cobrindo todos os ângulos possíveis em torno de princípios e valores compartilhados por toda a sociedade.

Bem por isso, este livro foi escrito com o intuito de contribuir com a discussão mundial em torno do tema, tendo como ponto de partida a análise crítica do que é Blockchain, seus benefícios, desafios e seu papel na construção de um mundo descentralizado.

Blockchains impactarão profundamente relações de governança, modos de vida, modelos corporativos tradicionais, instituições em escala global e a sociedade como um todo.

O futuro já está aqui, só não está inteiramente descentralizado...ainda.

Tatiana Revoredo

# ÍNDICE

| | |
|---|---|
| **PARTE I - POTENCIAL** | **25** |
| | |
| **Capítulo 1 \|   Da Euforia à Esperança** | **27** |
| Introdução | 28 |
| A construção de confiança nos dados | 29 |
| A desintermediação nos processos de negócios | 31 |
| Blockchain como tecnologia de núcleo | 32 |
| Uma combinação poderosa de fatores | 34 |
| A trajetória Blockchain na próxima década | 35 |
|     3,1 trilhões de dólares em valor até 2030 | 35 |
|     Blockchains públicas globais como espinha dorsal | 37 |
|     Blockchains privadas para interoperabilidade | 38 |
| Barreiras à adoção | 39 |
|     Padrões | 39 |
|     Organização e comportamento humano | 40 |
|     Confidencialidade | 41 |
|     Custo de processamento | 41 |
|     Obstáculos legais | 41 |
|     Legado de infraestrutura | 42 |
|     Falta de Mão de obra qualificada | 42 |
| | |
| **Capítulo 2 \|   Percepção Sob a Ótica do Mundo Corporativo** | **45** |
| Tendências interessantes para a indústria | 46 |
| As indagações do mundo corporativo | 47 |
| As principais percepções do mundo corporativo | 49 |
| | |
| **Capítulo 3 \|   Linha do Tempo Blockchain e seu Potencial** | **53** |
| Linha do tempo Blockchain | 54 |
|    — Potencial blockchain | 56 |
|     Eficiência | 56 |
|     Rastreabilidade | 56 |
|     Transparência | 56 |
| Desafios | 57 |
|     O Trilema Blockchain | 57 |

| | |
|---|---|
| Usabilidade | 59 |
| Modelos de negócios | 59 |
| Dependência de algoritmos complexos | 60 |
| Sistemas de reputação | 60 |

## PARTE II - REALIDADE    61

### Capítulo 1 | Conceito, Fundamentos, Tipos, Estrutura    63

| | |
|---|---|
| Blockchain como Guardião da Confiança | 64 |
| — A atual crise de confiança | 64 |
| — Seu papel de *"gatekeeper"* | 66 |
| — *"In Blockchain We Trust"* | 67 |
| A dificuldade de se conceituar Blockchain | 68 |
| O que é Blockchain? | 68 |
| — Tecnologia de Núcleo | 68 |
| — Ferramenta para a construção de uma economia digital mais justa, inclusiva, segura e democrática | 69 |
| — Máquina da Confiança | 69 |
| — Trilha de auditoria imutável onde o DNA de cada bloco é incorporado em todos os seguintes | 70 |
| — Uma rede descentralizada onde seus participantes chegam a um consenso, em intervalos regulares, sobre o verdadeiro estado dos dados compartilhados. | 70 |
| Blockchain é um banco de dados? | 71 |
| Por que usar uma plataforma Blockchain quando se tem Banco de Dados na organização? | 71 |
| De onde vem o nome "Blockchain"? | 72 |
| Para que é usada? | 73 |
| Como funciona? | 74 |
| Blockchains e Distributed Ledger Technologies (DLTs) | 75 |
| — Não existe só uma blockchain | 76 |
| Bitcoin – A primeira Blockchain | 76 |
| Ethereum – um "computador global descentralizado que processa contratos inteligentes" | 77 |
| Outras Blockchains surgiram, como solução | 79 |
| — O que são DAGs? | 80 |
| — Como surgiram as "blockchains" privadas | 81 |

## BLOCKCHAIN – TUDO O QUE VOCÊ PRECISA SABER
*Tatiana Revoredo*

— A controvérsia do termo "blockchain" no contexto de *ledgers* permissionados e privados   81
— Toda Blockchain é uma DLT, mas nem toda DLT é uma Blockchain   83
Tipos de blockchain   83
    — Blockchains não-permissionadas ou Públicas   84
      Descentralização   84
      Ativos digitais   85
      Privacidade   85
      Transparência   86
    — Blockchains permissionadas ou privadas   86
      Descentralização variável   88
      Transparência e privacidade   89
      Governança   89
      Blockchains permissionadas não precisam ter um token nativo   90
    — Blockchains híbridas   91
    — Blockchains e o custo das transações   92
      Custos de verificação   94
      Custos de rede   95
    — Soluções privadas seriam as *Intranets* nos anos 90?   96
Como a confiança é gerada nas redes blockchain?   98
    — Blockchains são conhecidas como máquinas da confiança   98
Qual o papel do "token" nas redes blockchain?   99
Ainda não existem blockchains 100% públicas   101
Como são tomadas as decisões em uma Blockchain?   102
As principais tecnologias de suporte   103
    — Criptografia   103
      Hashing e valor hash   104
      Chaves públicas e chaves privadas   106
      Rede *peer-to-peer* (P2P)   107
    — Teoria dos Jogos   108

**Capítulo 2 | Descentralização importa!**   111
Redes descentralizadas não são uma bala de prata que consertará todos os problemas na Internet; mas elas oferecem uma abordagem muito melhor do que os sistemas centralizados.   111
O que é descentralização?   112

- Razões para a descentralização 114
    Tolerância a falhas 114
    Resistência ao ataque 114
    Resistência ao conluio 115
- Os protocolos são projetados para serem descentralizados 115
- A descentralização e o custo das transações 116
- A descentralização é garantia da segurança 117
- Porque não se deve concentrar apenas na descentralização arquitetônica? 118
    (Des)centralização arquitetônica 119
    (Des)centralização política 119
    (Des)centralização lógica 119
- Descentralização vs. Armazenamento em "nuvem" 122

O que é uma rede peer-to-peer? 123

## Capítulo 3 | Protocolos de Consenso 125

Introdução 126
O que é consenso? 126
O que é um mecanismo de consenso? 127
- Objetivos de um mecanismo de consenso? 129
    Concordância 129
    Colaboração 129
    Cooperação 129
    Igualdade 129
    Inclusão 130
    Participação 130
- Qual a principal diferença entre os mecanismos de consenso? 130
- O problema dos Generais Bizantinos 131

Os mecanismos de consenso blockchain mais populares 134
- Prova De Trabalho (POW) 134
    O que é um 51% attack? 134
    A Mineração de Bitcoin: como funciona? 136
    Características-chave da Prova de Trabalho 137
    Os enigmas são assimétricos 138
    Os quebra-cabeças não exigem nenhuma habilidade especial; eles exigem força bruta. 138

Os parâmetros do quebra-cabeça são atualizados
periodicamente para manter o tempo de bloco
consistente. 138
— Prova de Participação 139
— *Delegated PoS* (*DPoS*) 141
Como funciona? 142
— Tolerância à Falha Bizantina Delegada (*DBFT*) 143

**Capítulo 4 |        O propósito e os desafios das blockchains    147**
Como garantir segurança, neutralidade política e
autenticidade? 148
— O mecanismo de consenso descentralizado "hoje"
prejudica a escalabilidade 148
Os principais obstáculos tecnológicos 148
— Escalabilidade 149
O que é? 149
Como Blockchains podem escalar e manter seu caráter
distribuído? 151
Soluções de segunda camada 153
A "help" das soluções indiretas 155
Escalabilidade: uma perspectiva promissora 157
— Interoperabilidade 158
Via confiança off-chain (externa) 158
Via confiança on-chain (interna) 159
— Segurança 160
O rápido crescimento do ambiente digital 160
O custo da interconectividade 161
O hack da "Coinmama" 162
Exemplos de "hacks" recentes em empresas
"centralizadas" 163
Existe falha de segurança em Blockchains? 167
O Relatório Econômico do Congresso Americano 168
De onde vem a segurança? 170
— Privacidade 172
Possível a privacidade em uma blockchain? 172
O caráter imutável e distribuído das blockchains 173
Caminhos para conciliar dados pessoais ou sensíveis com
blockchains 175
O caráter imutável e o direito ao esquecimento 180
Porque atualizar blockchains é um grande desafio? 185

## Capítulo 5 | Tokens e incentivos — 189
    Introdução — 190
    Porque os tokens surgiram? — 190
    Como funciona a lógica dos tokens — 191
    Função dos incentivos — 193
    O design de incentivo — 193
        — O design de incentivo em um modelo "open source" 193
        — O papel dos "early adopters" — 194
    Token representa um ativo — 195
    O que é um token? — 197
    Exemplo de tokens no Mercado de Commodities — 198
        Atrelando ouro físico a um ativo digital — 198
        Novos mercados, novos negócios a vista — 201

## Capítulo 6 | Contratos Inteligentes — 203
    Introdução — 204
    Breve noção — 206
    Blockchain Bitcoin possui contratos inteligentes — 207
    Ethereum possibilitou smart contracts mais sofisticados — 207
    Cláusulas contratuais em pequenos trechos de código? — 208
    O que são Smart Contracts, afinal? — 210
        Códigos de software com regras auto executáveis — 210
        Maneira pública e verificável de incorporar regras de governança e lógica de negócios em linhas de código — 210
    A infelicidade do termo — 211
    Contratos inteligentes vs. Contratos legais — 212
    Ferramenta para reduzir custos — 212
    Contratos inteligentes em blockchain são sofisticados — 213
    Interação com humanos ou outros contratos inteligentes — 214
    Seu uso — 215
    O cumprimento legal de um smart contract — 219
    Contratos inteligentes são acionáveis no mundo real? — 220
    A governança legal automatizada — 221
    A segurança de um contrato inteligente — 222
    Onde smart contracts são utilizados? — 223
    DAOs – Organizações Autônomas Descentralizadas — 226
    Smart Contracts na economia de compartilhamento — 229
    Exemplos de Smart Contracts — 230
        Locação de veículos elétricos — 230

        Compra e venda de Imóveis                         231
        Indústria de Seguros                                   233
        Procedimentos de Arbitragem                   237

**Capítulo 7 | Aplicativos Descentralizados DApps**    **243**
    Definição                                                       244
    Princípios                                                   244
        DApps possuem código aberto                   244
        DApps são descentralizados                     245
        DApps são incentivados                           246
        Seu protocolo                                       247
    Categorias de DApps                                    247
        Aplicativos financeiros                             247
        Aplicativos semi-financeiros                   248
        Aplicativos de governança                       248
    DApps vs. aplicativos que usamos hoje         248
    Principais diferenças entre DApps e contratos inteligentes  251

**Capítulo 8 | Oráculos**                                 **253**
    O que é um Oráculo?                                    254
    —   Tipos de Oráculos                                255
        Quão seguros são os Oráculos?                258
        Exemplo                                                 259

# PARTE III - ESTUDOS DE CASO EM DIVERSOS SETORES 261

**Capítulo 1 | Estudos de Caso em diversos Setores e Indústrias**  **263**
    Introdução                                                    264
    Estudos de caso                                         265

**Capítulo 2 | Ajuda humanitária**                **267**
    O Programa Mundial de Alimentos da ONU      268
    —   O problema                                    268
    —   A solução                                      269
    —   Como funciona                              270
    —   Porque Blockchain                         270
    —   Desafios                                        271

- Impacto ampliado   271

**Capítulo 3 | Registro de Terras**   **273**
República da Geórgia   274
- O problema   274
- A solução   274
- Como funciona   275
- Porque blockchain   276
- Desafios   276
- Impacto ampliado   277

**Capítulo 4 | Gerenciamento de Energia**   **279**
Mercado de Energia peer-to-peer   280
- O problema   280
- A solução   280
- Como funciona   281
- Porque blockchain   282
- Desafios   283
- Impacto ampliado   284

**Capítulo 5 | Cadeias de Suprimentos**   **285**
Rastreabilidade na produção de alimentos   286
- O problema   286
- A solução   287
- Como funciona   288
- Porque blockchain   288
- Desafios   289
- Impacto ampliado   290

**Capítulo 6 | Inclusão Financeira**   **293**
Negociação coletiva em áreas rurais   294
- O problema   294
- A solução   294
- Como funciona   295
- Porque blockchain   296
- Desafios   297
- Impacto ampliado   297

**Capítulo 7 | Votação**   **299**
Votação móvel em Blockchain   300

- O problema — 300
- A solução — 301
- Como funciona — 302
- Porque blockchain — 302
- Desafios — 303
- Impacto ampliado — 304

### Capítulo 8 | Investimento Social — 307
Cidade de Berkeley — 308
- O problema — 308
- A solução — 309
- Como funciona — 309
- Porque blockchain — 310
- Desafios — 311
- Impacto ampliado — 311

### Capítulo 9 | Sustentabilidade Ambiental — 313
Sistema de gerenciamento de resíduos — 314
- O problema — 314
- A solução — 315
- Como funciona — 315
- Porque blockchain — 315
- Desafios — 316
- Impacto ampliado — 317

### Capítulo 10 | Combate ao *Fake News* — 319
Certificação de conteúdo original e legítimo — 320
- O problema — 320
- A solução — 320
- Como funciona — 321
- Porque blockchain — 322
- Desafios — 323
- Impacto ampliado — 324

## PARTE IV - SEU PAPEL NA EVOLUÇÃO DA INTERNET — 325

## BLOCKCHAIN – TUDO O QUE VOCÊ PRECISA SABER
### *Tatiana Revoredo*

**Capítulo Único | Blockchain e Seu Papel na Evolução da Internet** **327**

Introdução   328
Caminhando para uma Internet onipresente   328
Web vs. Internet   330
— A Internet é uma rede de redes   330
— A Web é um espaço de informação   331
Os estágios de evolução da Web   331
— Web 1.0, onde tudo começou   333
— Web 2.0, a Web Social   333
— A reinvenção completa da Internet   334
— Entendendo a Web 3.0   335
— Características da Web 3.0   337
    O fenômeno da onipresença   337
    O usuário como razão de ser   337
    Inteligência Artificial   338
    P2P Network   338
    Uma Web de dados   340
    Gráficos 3D   341
Precisamos de uma Internet descentralizada?   342
O futuro já começou!   344
— Cadeias de retransmissão descentralizadas   344
— Sistemas de nome de domínio descentralizado   344
— Sistemas de armazenamento descentralizado   345
    Como a web tradicional e aplicativos de dispositivos móveis interagem com o armazenamento?   346
    Os problemas do armazenamento centralizado   348
    Como sistemas de armazenamento descentralizado, baseados em blockchain, resolvem os problemas do armazenamento centralizado   349
— Criptografia aplicada   350
— Redes *peer-to-peer*   351
— Novos navegadores com suporte blockchain   351

**GLOSSÁRIO**   **353**

**BIBLIOGRAFIA**   **365**

**REFERÊNCIAS**   **392**

**AUTORA** **407**

# PARTE I – POTENCIAL

# Capítulo 1 | Da Euforia à Esperança

*"Sua arquitetura revoluciona a maneira como interagimos, possibilitando que desconhecidos, e partes que não confiam entre si, transacionem uns com os outros." (Tatiana Revoredo, 2018)*

## *Introdução*[1]

A palavra blockchain é como o mercado nomeou esse conjunto de tecnologias que podem ser programadas para registrar, verificar e rastrear qualquer coisa com valor, desde transações financeiras até registros médicos e títulos de propriedade.

Mas, o que há de tão especial nisto, se já é possível registrar, verificar e rastrear nos bancos de dados centralizados?

> *A maneira de registrar transações. Blockchain revoluciona o modo como interagimos uns com os outros.*

Blockchains armazenam informações em "containers", chamados blocos, que são ligados de forma cronológica para formar uma linha contínua, uma cadeia de blocos.

Isto é, para ocorrer uma modificação nas informações já registradas em determinado bloco, não se reescreve. Em vez disso, toda alteração de dados é armazenada em um novo bloco mostrando que X mudou para Y em uma data e hora específicas (Revoredo, 2018).

Vamos imaginar, por exemplo, que exista uma disputa entre Maria e seu irmão André sobre quem é dono de um imóvel que está na família há anos. Como blockchain usa um método contábil, há um livro de registro onde consta Adão como primeiro proprietário deste imóvel em 1900, a venda deste imóvel de Adão para Eva em 1930 e assim sucessivamente.

Portanto, cada alteração na propriedade deste imóvel é representada por um novo registro nesta *ledger* (livro contábil, em português) até que, em 2007, chegamos ao último registro da transferência deste imóvel. Maria é a atual proprietária deste imóvel e podemos ver o registro de todo esse histórico neste livro contábil. Ora, aqui é onde as coisas ficam interessantes.

## *A construção de confiança nos dados*

Ao contrário do antigo método de contabilidade, a estrutura blockchain foi projetada para ser descentralizada e distribuída através de uma grande rede de computadores.

A descentralização da informação reduz a capacidade de adulteração de dados e nos leva ao segundo fator, que torna a arquitetura blockchain única:

> *"Cria confiança nos dados" (Centre for International Governance Innovation, 2018).*

Antes que o bloco possa ser adicionado à cadeia, algumas coisas precisam acontecer.

Primeiro, uma equação (um quebra-cabeça criptográfico) deve ser resolvida, criando assim o bloco.

O resultado deste quebra-cabeça é compartilhado com os demais computadores da rede. Na blockchain do Bitcoin, a necessidade de se resolver esta equação é conhecida como prova de trabalho (PoW). A rede, então, verificará esta prova de trabalho (PoW) e, se correta, o bloco será adicionado à cadeia.

A combinação desses complexos quebra-cabeças matemáticos e a verificação por muitos computadores garantem a confiança na cadeia de blocos.

Como a própria rede constrói a confiança, agora temos a oportunidade de **interagir diretamente** com nossos dados **em tempo real**. E isso nos leva à terceira razão pela qual a infraestrutura blockchain é tão revolucionária.

## *A desintermediação nos processos de negócios*

Atualmente, ao fazer negócios uns com os outros, não mostramos à outra pessoa nossos registros financeiros ou comerciais.

Em vez disso, confiamos em intermediários, agentes validadores de confiança, para verificar tais registros e manter essas informações confidenciais.

Tais intermediários constroem a confiança entre as partes e são capazes de verificar, por exemplo, que *"sim, Maria é a legítima proprietária deste imóvel"*.

Ora, essa abordagem limita a exposição e o risco, mas também adiciona outro passo à troca. E isto significa mais tempo e dinheiro gastos.

Se as informações sobre a propriedade do imóvel de Maria fossem armazenadas em blockchain, o intermediário não seria mais necessário. Como sabemos agora, todos os blocos adicionados à cadeia foram verificados como verdadeiros e não podem ser adulterados. Assim, Maria poderia simplesmente mostrar a informação do título de propriedade do imóvel garantida na blockchain. Maria pouparia, assim, tempo e dinheiro consideráveis com a interação direta.

> *"A interação confiável e peer-to-peer – **interação direta** – e **em tempo real** com nossos dados pode revolucionar como acessamos, verificamos e transacionamos uns com os outros."*

## *Blockchain como tecnologia de núcleo*[2]

> *Seu caráter de General Purpose Technology potencializa outras tecnologias*

*Tatiana Revoredo*

*(Lipsey, Carlaw & Bekhar, 2005)*

Sendo a blockchain uma tecnologia fundamental, de núcleo, uma *General-Purpose Technology*, ela **potencializa as demais tecnologias** e pode ser **implementada de maneiras ainda inimagináveis.**

Uma Tecnologia fundamental, segundo Richard Lipsey, é a que possui o potencial de afetar toda uma economia (geralmente em nível global), transformando drasticamente a sociedades através do seu impacto nas estruturas econômicas e sociais pré-existentes.

Como exemplo de tecnologias fundamentais podemos citar o motor a vapor, ferrovia, peças intercambiáveis, eletricidade, eletrônica, manuseio de materiais, mecanização, teoria de controle (automação), o automóvel, o computador, a Internet, a medicina e a Blockchain.

## Uma combinação poderosa de fatores

É a combinação de todos esses fatores...

> *1) maneira distribuída e transparente de registrar dados*
>
> *2) construção de confiança*
>
> *3) interação direta, em tempo real*
>
> *4) caráter de tecnologia de núcleo que potencializa as demais tecnologias*

... que dá às estruturas blockchain o potencial de impactar profundamente relações de governança, modos de vida, modelos corporativos tradicionais, instituições em escala global e a sociedade como um todo (Centre for International Governance Innovation, 2018).

*Tatiana Revoredo*

# *A trajetória Blockchain na próxima década*

A Gartner, empresa líder mundial em pesquisa e consultoria, concluiu recentemente um relatório sobre a tecnologia blockchain intitulada: *"Como posicionar plataformas Blockchain para aumentar a adoção"*.

Escrito pelo diretor de pesquisa sênior da Gartner, Adrian Lee e outros membros, o relatório abriga uma série de insights sobre a tecnologia blockchain e sua trajetória na próxima década.

## *3,1 trilhões de dólares em valor até 2030*

Uma tecnologia emergente como Blockchain é muitas vezes supervalorizada em suas fases iniciais, só vindo a progredir realmente no longo prazo.

O relatório expressa essa noção, ao afirmar que muitos CIOs superestimam as capacidades e os benefícios de curto prazo da blockchain como uma tecnologia para ajudá-los a alcançar suas metas de negócios.

Ainda, o maior valor de negócios gerado pelas blockchain e DLTs (*Decentralized Ledger Technologies*) no curto prazo, segundo a Gartner, virá das moedas virtuais, o que já pode ser constatado em sites como JP Morgan, UBS e Facebook, que anunciaram recentemente suas próprias moedas digitais.

Esta tendência aumentará em popularidade e atribuirá quase um quarto do valor total gerado pela tecnologia blockchain.

Contudo, à medida em que a indústria evolui, a Gartner prevê que as blockchains "permissionadas" atenderão às necessidades das empresas até que as blockchains "públicas" consigam escalar significativamente (veremos a diferença entre públicas e permissionadas mais a frente). Consta também que haverá empresas que criarão plataformas para indústrias de nicho e usarão casos até que uma plataforma maior possa ganhar participação substancial no mercado.

O relatório da *Gartner* afirma que até 2021, 90% das implementações atuais de plataformas blockchain corporativas precisarão de substituição dentro de 18 meses para permanecer competitivas, seguras e evitar a obsolescência.

Por fim, a *Gartner* afirmou que que a tecnologia blockchain criará mais de US $ 176 bilhões em valor de negócios até 2025 e US $ 3,1 trilhões até 2030.

## Blockchains públicas globais como espinha dorsal

Parece claro que um universo de blockchains independentes que não podem interoperar seria extremamente limitado.

Por isso, os usuários de plataformas blockchain acharão vantajoso poder trocar dados e também fazer transações entre cadeias: uma cadeia de saúde conectando-se a uma cadeia de seguros, uma cadeia imobiliária conectando-se a um material de construção ou cadeia de fabricação e assim por diante.

Assim como o TCP / IP e o restante da Internet se tornaram o *backbone* aberto e livremente acessível da Web da informação, um pequeno número de redes blockchain descentralizadas globais também emergirá como a espinha dorsal de uma Web de valor.

## *Blockchains privadas para interoperabilidade*

As redes permissionadas (privadas) funcionarão num futuro próximo umas com as outras, ajudando a facilitar a troca de dados e a interoperabilidade entre cadeias, ou até mesmo servindo como *timestamp* e camada de liquidação para outras cadeias e, assim, fornecendo uma camada chave de confiança.

Este não é, no entanto, o único cenário possível.

Também poderemos ver tecnologias de interoperabilidade que permitem uma interação perfeita entre blockchains, resultando em uma rede mesclada de cadeias diretamente interoperáveis.

Mas, com todo esse potencial, o que tem dificultado a adoção da tecnologia blockchain por empresas e pessoas?

# Barreiras à adoção

Muitos obstáculos precisam ser superados para a plena adoção desta nova tecnologia, e como com qualquer nova ferramenta, a atitude humana e organizacional representa uma barreira alta, incluindo:

## Padrões

A falta de padronização entre plataformas blockchain e ofertas fragmentadas tornam as decisões de TI desafiadoras.

E para agravar a falta de padronização, os fornecedores de plataformas blockchain geralmente usam mensagens que não vinculam os casos de uso aos benefícios de negócios de um "comprador-alvo".

Por exemplo, conquanto transparência, segurança e automatização de transações sejam vantagens da tecnologia blockchain, as pessoas ainda estão confusas sobre como essas qualidades são alcançadas, ou que benefícios blockchain adiciona em comparação com processos já existentes.

Portanto, como primeiro obstáculo à adoção, existe uma ausência de padrões bem adotados em documentação e práticas.

As normas podem começar com ações específicas do setor ou ser iniciadas pelo governo.

## *Organização e comportamento humano*

O comportamento para abraçar e adotar padrões e práticas harmonizados é difícil de alcançar.

Conquanto entusiastas, empresas e pioneiros da indústria Blockchain sempre se esforçaram para explicar facilmente o que é blockchain, muitas vezes usam um jargão complexo de linguagem e tecnologia.

Há uma forte necessidade de demonstrar o valor agregado da blockchain em termos de negócios práticos.

De todo modo, prova de conceitos e redes de consórcio começaram a implementar a tecnologia blockchain, o que ajudará a oferecer termos e dados mais concretos para revelar seus verdadeiros.

## *Confidencialidade*

Proteção de informações privadas e confidenciais, com vantagem competitiva;

## *Custo de processamento*

A verificação de prova e projetos piloto possuem um custo alto e crescente, e muitas empresas não estão dispostas a serem as primeiras e investirem em inovação. Na maioria das vezes, esperam seus concorrentes lançarem seus projetos pilotos para começarem a dar os primeiros passos em direção à adoção;

## *Obstáculos legais*

- Finalização da liquidação e resolução de litígios – Proteção do risco aos consumidores;
- responsabilidade do risco de segurança e perdas associadas impulsionadas pela introdução de uma nova infraestrutura financeira;

- proteção contra risco de ataque ou dominância por poucos "players" – pode desencorajar potenciais usuários a vincular "ativos fora da cadeia" – bem como regulamentos e implicações antitruste;
- conduta: prioridade de verificação de transações
- jurisdições de regulação e classificação legal de ativos, localização e fluxo de dados, e como as regulamentações existentes se aplicam.

## *Legado de infraestrutura*

Dada a grande infraestrutura existente em qualquer organização, os custos de substituir a tecnologia existente pelo novo investimento Blockchain são altos.

## *Falta de Mão de obra qualificada*

Apenas alguns anos atrás, blockchain era um pouco conhecido no mundo da tecnologia associado principalmente a criptomoedas e tecno-libertarianismo.

A ascensão de plataformas de contratos inteligentes descentralizadas como a Ethereum, no entanto, mudou completamente a maneira como setores que vão do setor financeiro ao jornalismo veem a aplicação de redes descentralizadas, livros distribuídos e ativos digitais na reorganização de modelos de negócios.

Mas para construir esses modelos de negócios no "céu de brigadeiro" do futuro, você precisa de desenvolvedores.

Embora a comunidade de desenvolvedores da Blockchain Ethereum seja a maior, mais ativa e inclusiva de todas as blockchain, parece que apenas os desenvolvedores da web – aqueles que estão construindo a Web 3, a versão atual da experiência da Internet – estão olhando para blockchain e o que vem a seguir.

Aqui, é pertinente citar a *Stack Overflow 2019*, uma pesquisa para desenvolvedores lançada recentemente, e que consultou mais de 90.000 desenvolvedores de todo o mundo.

Esta pesquisa apresentou um retrato notável do setor na seção sobre blockchain, intitulada *Blockchain in the Real World*.

Segundo a *Stack Overflow* relata, mais de 68% dos desenvolvedores têm uma opinião positiva sobre blockchain, além de várias outras ideias importantes sobre descentralização, hábitos de trabalho, e preferências que podem informar como os desenvolvedores podem adotar codificação para blockchain no futuro próximo.

Ainda, 68% dos desenvolvedores Web têm menos de 10 anos de trabalho, enquanto 41% têm menos de 5 anos de experiência profissional.

# Capítulo 2 | Percepção Sob a Ótica do Mundo Corporativo

## Tendências interessantes para a indústria

Uma pesquisa global sobre Blockchain, intitulada *Global Blockchain Survey*, foi lançada recentemente pela Deloitte e mostra algumas tendências interessantes para a indústria blockchain.

A pesquisa entrevistou mais de 1.300 executivos seniores em uma dúzia de países em empresas dos EUA, com receita anual de pelo menos US $ 500 milhões, e em empresas não americanas, com receita anual de pelo menos US $ 100 milhões.

Na pesquisa, constatou-se que os executivos têm bastante conhecimento quando questionados sobre a tecnologia blockchain, com 56% da pesquisa participando do trabalho em tecnologia da informação, 10% em finanças e o restante em outras indústrias distintas.

O resultado mais interessante da pesquisa não veio, contudo, dos entusiastas da blockchain, mas dos indivíduos menos confiantes que agora parecem ter uma percepção muito mais positiva do impacto potencial do blockchain.

Tomando por base a pesquisa mencionada, vejamos a "percepção Blockchain" sob a ótica do mundo corporativo.

## *As indagações do mundo corporativo*

Embora muitos tenham percebido que a blockchain está ganhando força em setores adicionais fora do setor financeiro – e encontrando mais casos de uso em mais tipos de negócios –, os executivos parecem estar adotando uma abordagem mais pragmática em relação à sua adoção.

Os entrevistados da pesquisa estão tendo uma visão menos míope da blockchain do que antes, e estão se concentrando em vantagens comerciais como: aumento de segurança e menor risco (23%), novos modelos de negócios e cadeias de valor (23%) e maior velocidade na produção ou entrega (17%). Também há uma diversificação nos casos de uso blockchain, modelos e preocupações regulatórias.

Em outras palavras, as organizações parecem agora menos preocupadas com o fato de a tecnologia funcionar e começar a se concentrar nos modelos de negócios que ela poderia "disruptir".

Daí porque, os executivos não estão mais fazendo uma única pergunta sobre blockchain, mas sim um amplo conjunto de perguntas refletindo o papel que blockchains podem desempenhar dentro de suas organizações. Assim, vejamos as principais indagações do mundo corporativo.

Como os processos com blockchain estão mudando a maneira como meu setor faz negócios?

Como pode blockchain reformular meu setor?

Quais são meus objetivos e estratégias de longo prazo?

Blockchain cria o potencial para novos ecossistemas de mercado e qual o papel que devo desempenhar?

Como eu aproveito a natureza inerentemente aberta da blockchain?

Que oportunidades a blockchain gera para criar novos mercados?

Onde estão meus maiores "pontos cegos" blockchain?

À medida que a adoção blockchain avança de forma constante em sua jornada do potencial para a prática, a maioria dos entrevistados diz que planeja manter ou mesmo aumentar seus investimentos em blockchain no próximo ano.

Mas espera-se que façam isso apenas se acompanhados do tipo de entendimento pragmático que as respostas a essas e outras perguntas semelhantes fornecem.

## *As principais percepções do mundo corporativo*

Grande parte da discussão em torno da blockchain gira em torno das complexidades e barreiras à adoção da tecnologia.

Então, ao serem indagados sobre participação em "consórcios" de plataformas blockchain, os executivos responderam que o principal critério para aderirem é encontrar empresas com objetivos que se alinhem com os objetivos de suas empresas.

Também, podemos citar como principais conclusões da pesquisa da Deloitte, o seguinte:

*80% das empresas veem blockchain como uma prioridade estratégica*

*Blockchain é uma das 5 principais prioridades*

53% das empresas colocaram blockchain como uma das suas cinco principais prioridades, um aumento de 10% em relação ao ano passado.

*Blockchain será amplamente escalável num futuro próximo*

86% esperam que a tecnologia blockchain seja amplamente escalável e atinja a adoção pelo "mainstream".

*Substituir ou adaptar sistemas legados é a maior barreira*

Executivos relataram que a maior barreira para a empresa investir mais dinheiro na tecnologia blockchain é "substituir ou adaptar sistemas legados"

*Principais casos de uso são a validação e o compartilhamento de dados*

Validação de dados e compartilhamento de dados são os principais casos de uso para as empresas adotarem a tecnologia blockchain.

*20% dos executivos estão trabalhando no uso de blockchain para tokenized equities ou outros ativos*

# Capítulo 3 | Linha do Tempo Blockchain e seu Potencial

## Linha do tempo Blockchain

Atualmente, o setor financeiro parece estar à frente no campo blockchain. Mas as outras indústrias já estão seguindo o exemplo, como veremos na terceira parte deste livro.

Tomando por base o ecossistema blockchain da Europa hoje, um dos mais promissores, há um número impressionante de startups e plataformas de desenvolvimento de projetos e aplicativos descentralizados, para não mencionar literalmente milhares de *White Papers*, provas de conceito e repositórios do Github (um sistema de gerenciamento de projetos e versões de códigos assim como uma plataforma de rede social criado para desenvolvedores).

É possível encontrar também uma vasta e vibrante comunidade de associações, organizações sem fins lucrativos, fundações, encontros e iniciativas governamentais locais, nacionais e supranacionais que trabalham para promover o desenvolvimento e a adoção dessa nova tecnologia.

Ainda não há plataformas ou aplicativos com bases de usuários grandes e ativas.

Traçando um breve cronograma do Blockchain no continente europeu, pode-se dizer que 2016 foi o "ano da educação", quando as pessoas aprenderam sobre blockchain e seus usos; 2017 o "ano das provas de conceito", durante o qual as pessoas experimentaram validar as teses; e, 2018 o "ano dos projetos de grande escala", com uma série de projetos significativos anunciados e em desenvolvimento (no Brasil, esse cenário possui um "delayed" de dois anos).

Dentro desse quadro, 2019 tem sido um ano onde muitos projetos serão ativados, com uma série de grandes plataformas programadas para entrar ou já em produção.

Pode-se dizer que já começamos a ver os contornos de como a tecnologia e o ecossistema serão no futuro próximo, quais são os obstáculos para a adoção em massa e quais são algumas das melhores práticas e sucesso fatores para superar esses obstáculos são susceptíveis de ser.

## — Potencial blockchain

No tocante às possíveis vantagens propiciadas pelas blockchains, pode-se enumerar o seguinte:

### *Eficiência*

Eficiência propiciada pela descentralização das transações, com sensível redução de custos de transação e custos de rede (como veremos em tópico específico).

### *Rastreabilidade*

A rastreabilidade do registro das transações aumenta a segurança e reduz quase a zero a falsificação das cadeias de produção e pagamento.

### *Transparência*

Maior rastreabilidade gera menor arbitrariedade, aumentando a transparência das operações.

# Desafios

## O Trilema Blockchain

No mundo das blockchain, as pessoas frequentemente se referem a um Trilema, postulando que blockchains geralmente podem ter apenas duas das três propriedades a seguir: escalabilidade (isto é, desempenho em termos de velocidade e volume), descentralização ou segurança.

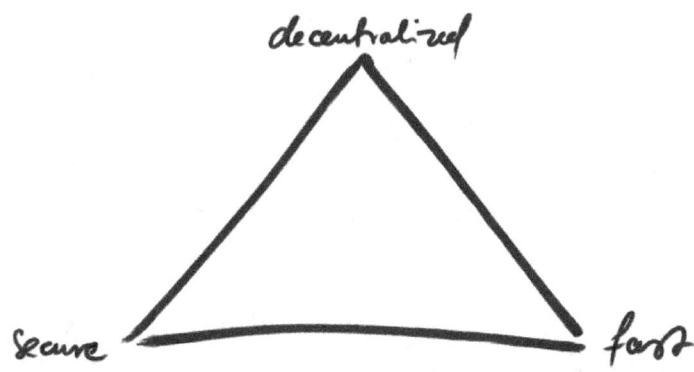

Se um blockchain for altamente descentralizado e altamente seguro, ele terá um custo de escalabilidade.

Se tiver alta performance e for altamente descentralizado, não será seguro.

Da mesma forma, se alguém está disposto a aceitar um grau maior de centralização, é possível construir blockchains altamente seguros e de alto desempenho.

Como resultado, os projetistas de plataformas baseadas em blockchain precisam considerar entre esses três parâmetros o que melhor se encaixa em seu caso de uso específico.

Se a confiança descentralizada em larga escala é importante, como é o caso, por exemplo, de uma criptomoeda global como a Bitcoin, então a descentralização e a segurança provavelmente serão favorecidas ao custo da escalabilidade.

De outro lado, em mercados fechados como os criados por um consórcio, a descentralização total é menos importante. Isso deixa espaço para o design de segurança e desempenho mais rápido.

A escalabilidade é um dos desafios técnicos mais importantes que a comunidade Blockchain enfrenta atualmente, mas não o único.

Voltaremos a falar deste problema da escalabilidade mais detalhadamente na segunda parte deste livro.

## *Usabilidade*

O maior desafio no momento é a disseminação de conhecimento, principal motivação para a realização deste livro, bem como a compreensão sobre o que são Blockchain, aplicativos descentralizados (DApps) e *Smart Contracts* e o que você pode fazer com eles.

A manipulação de chaves pública e privada e as interfaces de usuário ainda não são fáceis de usar ao homem comum.

## *Modelos de negócios*

Em muitos casos, não está claro como ganhar dinheiro em blockchains públicos com DApps se o código for de código aberto.

Isso é apenas um sinal de que a tecnologia ainda é muito nova.

Assim como no final da década de 1990, a maioria das pessoas não podia avaliar, ou era cética, se e como ganhar dinheiro com conteúdo *online* e que em meados dos anos 2000 era difícil ver como os aplicativos móveis seriam realmente.

## *Dependência de algoritmos complexos*

Contratos inteligentes e algoritmos complexos serão o novo intermediário?

Mas implementação arquitetônica em plataformas *on-line* não depende, em última análise, das escolhas específicas dos projetistas dessas plataformas?

Em caso positivo, até onde podemos prever, ou até orquestrar os efeitos que estes algoritmos complexos pode ter? Seria necessário monitorar a ética e a conduta dos desenvolvedores dos código de software? Todas estas questões, ainda sem resposta, são desafios a serem superados.

## *Sistemas de reputação*

Numa rede descentralizada, seria necessário ter bons sistemas de reputação para poder descentralizar as decisões. E tal ainda está sendo construído.

# PARTE II - REALIDADE

# Capítulo 1 | Conceito, Fundamentos, Tipos, Estrutura

*"O homem sensato se adapta ao mundo; o insensato insiste em tentar adaptar o mundo a si. Portanto, todo progresso depende do insensato." (Shaw, 1951).*

*Tatiana Revoredo*

## *Blockchain como Guardião da Confiança*

### — A atual crise de confiança

Com o advento da digitalização da sociedade e da Economia da Web[15], apesar do comércio online e dos pagamentos eletrônicos quase que exclusivamente com a intermediação de instituições financeiras, surgiu a demanda por "dinheiro digital".

E aqui, não estamos falando de moedas eletrônicas (que são representação de moedas fiat, emitidas por um Banco Central) ou do uso do cartão de crédito na loja online, mas sim daquele "ativo digital" que traz segurança, privacidade, transparência (das transações) e velocidade às transações na internet[16].

Paralelamente ao nascimento das criptomoedas e dos novos modelos de negócio da economia compartilhada que transformaram a "reputação" dos indivíduos em um atributo útil e gerenciável, uma crise de confiança se instalou nos validadores de confiança tradicionais.

Os inúmeros escândalos envolvendo governos, instituições financeiras e grandes corporações motivou a sociedade à buscar soluções para os inúmeros problemas ocasionados pelo padrão centralizado de transferência de dados e transações comerciais. Para quem quiser entender melhor essa crise de confiança, sugiro assistir ao documentário norte-americano "Na rota do dinheiro sujo" que mostra esquemas de corrupção nas corporações estadunidenses.

Nos últimos 20 anos, a economia se afastou progressivamente do modelo tradicional de organizações e instituições centralizadas, onde grandes operadores, muitas vezes com uma posição dominante, eram responsáveis por prestar serviço a um grupo de consumidores passivos[17].

À medida em que a participação de intermediários para garantir transações entre indivíduos deixou de atender as necessidades de um mundo globalizado e interconectado, era questão de tempo até que a inteligência humana elaborasse alguma solução para atender aos novos desejos sociais.

## — Seu papel de *"gatekeeper"*

Blockchain, que há poucos anos parecia indelevelmente ligada às criptomoedas como o Bitcoin, surge para assumir um novo papel.

Sua arquitetura passou a ser usada como facilitador (para o alcance dos novos "valores" sociais como segurança, privacidade, transparência e velocidade) e gatekeeper (guardião, em português) na "Era da Confiança"[18].

Ao permitir a execução de aplicativos de maneira segura, garantindo a interação direta entre desconhecidos, ou indivíduos que não confiam entre si, em uma rede distribuída e sem a necessidade de um intermediário ou validador de confiança, as infraestruturas blockchain eliminam incertezas, introduzem uma nova maneira de conferir confiança às interações humanas, e possibilitam o surgimento de novos modelos de negócios e mercados.

*Tatiana Revoredo*

## — "In Blockchain We Trust"

A expressão "*In Blockchain We Trust*" significa:

> "*Na Blockchain Confiamos*".

Isto porque nela, as transações entre indivíduos e a transferência de valores é garantida por meio de algoritmos, pela matemática e pela criptografia.

Ora, há aqui um empoderamento das pessoas.

Essa mudança na titularidade de quem confere confiança às relações negociais retira parcela de poder antes destinada aos intermediários e validadores de confiança, transferindo-a às pessoas que efetivamente participam de determinada transação.

Neste quadro, como novo guardião da confiança é que a blockchain tem o potencial de reinventar todas as categorias de mercados (monetários, pagamentos, serviços financeiros), possibilitando a reconfiguração de inúmeras indústrias e, impactam todas as áreas do conhecimento humano[19]

## A dificuldade de se conceituar Blockchain

Blockchain é um dos maiores avanços tecnológicos da última década, e é uma tecnologia tão nova que conceitua-la torna-se uma atividade hercúlea.

Essa custosa tarefa de se definir o que é decorre basicamente de dois fatores:

> 1 – a dificuldade de se qualificar sua essência.

> 2 – a impossibilidade de traçar qual o tamanho do impacto de algo ainda em desenvolvimento.

## O que é Blockchain?

### — Tecnologia de Núcleo

Blockchain é uma **tecnologia de núcleo**[20] que possibilita que grandes grupos de pessoas cheguem a um acordo e registrem transações permanentemente, sem uma autoridade central.

## — Ferramenta para a construção de uma economia digital mais justa, inclusiva, segura e democrática

Blockchain é uma importante **ferramenta** para a construção de uma economia digital justa, inclusiva, segura e democrática.

E tal tem implicações significativas na forma como pensamos sobre muitas das nossas instituições econômicas, sociais e políticas.

## — Máquina da Confiança

Seus atributos permitem que um grande número de pessoas e entidades (que não necessariamente se conhecem ou confiam entre si) cheguem a um consenso sobre determinada transação.

Por isso, Blockchain é descrito como a "máquina da confiança".

— **Trilha de auditoria imutável onde o DNA de cada bloco é incorporado em todos os seguintes**

Uma blockchain não é apenas como um *ledger* distribuído em larga escala, mas também como uma trilha de auditoria imutável onde o DNA de cada bloco é incorporado em todos os seguintes, impossibilitando a alteração da história de seu conteúdo sem ser notado.

— **Uma rede descentralizada onde seus participantes chegam a um consenso, em intervalos regulares, sobre o verdadeiro estado dos dados compartilhados.**

A tecnologia blockchain permite a rastreabilidade dos registros distribuídos e a troca de vários tipos de ativos digitais.

Um atributo-chave de cada transação (e cada bloco) é seu registro de data e hora.

## Blockchain é um banco de dados?

Bancos de dados guardam dados, enquanto Blockchain é uma base de registro de transações.

## Por que usar uma plataforma Blockchain quando se tem Banco de Dados na organização?

Bancos de dados foram concebidos para uso dentro de uma organização. Já as arquiteturas Blockchain permitem o uso compartilhado entre várias organizações.

Aqui, importante não esquecer que banco de dados se refere a dados; Blockchain se refere a transações.

Blockchain acabará com os bancos de dados nas organizações?

Numa Blockchain devem estar registradas transações de interesse de vários participantes externos entre si. Um banco de dados continua a ser a opção para guardar dados e informações de uso interno.

Daí, como bancos de dados e blockchains possuem propósitos diferentes, a resposta a esta pergunta é "não".

## *De onde vem o nome "Blockchain"?*

Blockchain recebe este nome pelo fato das transações em sua rede serem registradas em grupos conhecidos como blocos.

Além disso, cada bloco validado é criptograficamente "selado" ao bloco anterior, formando uma "cadeia de blocos" ) cada vez maior.

*Bloco = block + chain = cadeia*

Em vez de serem armazenados em um local central, todos os nós da rede blockchain compartilham uma cópia idêntica do blockchain, atualizando-os continuamente à medida em que novos blocos válidos são adicionados à cadeia (rede).

Blocos de transações estão intrinsicamente ligados.

Uma sequência de blocos de transação concatenados é, portanto, chamada de blockchain.

## *Para que é usada?*

Embora existam vários tipos diferentes de blockchains, sua arquitetura pode ser usada para descentralizar e automatizar processos em muitos contextos.

Blockchains não são a solução para todos os problemas.

A automatização de processos e a desintermediação propiciada por sua arquitetura possibilitam redução de custos, riscos e fraude, além de melhorar drasticamente a velocidade e experiência em muitos processos na maioria dos setores (automotivo, bancário, educação, energia, saúde, seguros, direito, música, arte, imóveis, dentre outros).

Veremos mais detalhadamente o impacto dos blockchains em diversas indústrias e setores em capítulo específico.

## *Como funciona?*

Um protocolo Blockchain opera no "topo" da Internet, em uma rede peer-to-peer[21] de computadores que executam um software e mantém uma cópia idêntica do registro de transações, permitindo transações de valor, sem um intermediário, através de consenso obtido por algoritmos.

Nele, as transações são armazenadas de forma imutável e transparente para todos.

A blockchain pode ser visto como uma arquitetura descentralizada, abrangente e transparente que registra todas as transações entre usuários e, criptografa e sequencia os dados de transações armazenados bloco a bloco, desde o bloco gênese (primeiro bloco) até hoje.

Todos os participantes da rede têm acesso igual aos mesmos dados e em tempo real.

A validação de transações é descentralizada em toda a rede.

Quando a maioria da rede valida uma transação, esta transação é gravada permanentemente no blockchain. Caso contrário, a transação será rejeitada e não funcionará.

É o protocolo blockchain que dá aos participantes da rede as "regras do jogo" para validar as transações.

Com blockchains públicos (como veremos em detalhes mais adiante), todos podem carregar o protocolo em seu computador e se tornar parte da rede.

Para blockchains privados e consórcios blockchains, a participação só é possível por convite ou permissão.

Basicamente, quanto mais participantes da rede houver e quanto mais diversificados forem, mais confiável será a blockchain.

Uma fonte de erro centralizada, assim como a manipulação e censura por uma instituição central, são assim abolidas.

## *Blockchains e Distributed Ledger Technologies (DLTs)*

## — Não existe só uma blockchain

Seria possível criar um dinheiro descentralizado que funcione em algo como o blockchain?

Satoshi Nakamoto respondeu a essa pergunta quando criou a Blockchain Bitcoin, um sistema monetário descentralizado que possibilitou transferir dinheiro eletrônico de uma pessoa para outra, sem um terceiro validador de confiança descentralizado.

### Bitcoin – A primeira Blockchain

O "White Paper" do Bitcoin foi publicado por Satoshi Nakamoto em 31/10/2008, e o *Genesis Block,* ou seja, o primeiro bloco do Blockchain Bitcoin foi minerado 3 de janeiro de 2009.

No entanto, a Blockchain do Bitcoin só possibilitava transações monetárias; não havia como adicionar condições mais elaboradas a essas transações.

Por exemplo: Maria pode enviar 5 Bitcoins a André, mas ela não consegue impor condições mais complexas a essa transação. Maria não pode dizer a André que ele só receberá o dinheiro se ele realizar determinadas tarefas.

Tais condições precisariam de um "algo a mais" para permitirem transações mais elaboradas. E esse "algo a mais" foi criado por Vitalik Buterin em 2014.

## *Ethereum – um "computador global descentralizado que processa contratos inteligentes"*[22]

Como o protocolo Bitcoin é *open source*[23], qualquer um poderia pegar seu protocolo, bifurcar (modificar o código) e iniciar sua própria versão do dinheiro eletrônico.

Essa qualidade da blockchain do Bitcoin possuir um código aberto contribuiu para que, ao longo dos anos, o protocolo Bitcoin fosse modificado centenas de vezes para criar versões alternativas do Bitcoin que são mais rápidas ou mais anônimas.

Percebeu-se que o protocolo blockchain subjacente possibilitava que pessoas desconhecidas, ou que não confiavam entre si, realizassem qualquer tipo de transação de valor, e não apenas dinheiro, sem quaisquer intermediários[24].

Começaram a surgir então projetos que buscavam usar a tecnologia blockchain para transferência, sem intermediários, de outros tipos valor[25].

Também ganhou corpo a ideia de se afastar de blockchains de propósito único, para criar um protocolo onde qualquer tipo de transação, sem os validadores tradicionais de confiança, fosse possível.

Então, ao perceber que as adaptações da Blockchain Bitcoin[26] não eram satisfatoriamente eficientes nem flexíveis, Vitalik Buterin introduziu a ideia de dissociar as funcionalidades do contrato inteligente[27] das funcionalidades blockchain, e iniciou o projeto da Blockchain Ethereum em 2014.

Ao contrário da Blockchain Bitcoin, que é uma blockchain de propósito único[28] com um único contrato inteligente, a Blockchain Ethereum é projetada como uma rede de computadores descentralizada na qual qualquer tipo de contrato inteligente pode ser programado, permitindo qualquer tipo de troca direta de valor.

## *Outras Blockchains surgiram, como solução*

O surgimento da Ethereum inspirou projetos de blockchain mais recentes (como NEO, "EOS", Cardano, Multiversum, Chainlink, Qtum, EOS, Stellar, GoChain, TrustME, Kadena, Zilliqa, MultiVAC, Vechain, só para citar alguns.

Além do aspecto tecnológico, fatores técnicos, econômicos e legais também serão relevantes para avaliar a viabilidade de uma blockchain.

De outro lado, ainda não está claro quais soluções alternativas à Ethereum terão maior adoção, ou se teremos múltiplos padrões para operar.

> *Até agora, a Ethereum parece ter a maior tração e a vantagem de ser a primeiro com muitos desenvolvedores, mas isso pode mudar rapidamente[29].*

## — O que são DAGs?

Além de outras blockchains, "tecnologias alternativas de ledger distribuído" surgiram, com tipos de mecanismos de consenso completamente diferentes, como as "Directed Acyclic Graphs" (DAGs).

> *As DAGs não exigem mais a criação de uma cadeia de blocos e usam <u>mecanismos criptoeconômicos alternativos</u> para chegar a um consenso.*

Há toda uma série de protocolos que usam Directed Acyclic Graphs (DAGs), como "Block Lattice" (Nano), "IoT Chain", "Byteball", e "IOTA" (Tangle).

O mecanismo de consenso dos DAGs é fundamentalmente diferente de blockchains. Em vez de agrupar os dados em blocos que são confirmados um após o outro, os Directed Acyclic Graphs requerem dados recém-adicionados para fazer referência e validar dados passados.

*Tatiana Revoredo*

## — Como surgiram as "blockchains" privadas

Instituições privadas como bancos, seguradoras e muitas indústrias pesadas na cadeia de suprimentos perceberam que o conceito de armazenamento e gerenciamento de dados coletivos por um *ledger* distribuído poderia ser muito útil como uma ferramenta de colaboração da indústria.

No entanto, ao contrário de blockchains públicos e sem permissão, a indústria começou a projetar blockchains privados (permissionados), onde todos os validadores são membros de um consórcio, ou pelo menos entidades jurídicas separadas da mesma organização.

## — A controvérsia do termo "blockchain" no contexto de *ledgers* permissionados e privados

Muitos questionam se um livro-razão permissionado, no qual você confia em uma autoridade, deve ser considerado uma blockchain.

Os defensores das blockchains privadas (ou permissionadas) argumentam que o termo "blockchain" pode ser aplicado a qualquer estrutura de dados que agrupa dados em blocos de transação com *hash* [30].

Enquanto os protocolos públicos criam confiança através da matemática, com um mecanismo de consenso que incentiva o comportamento individual para atingir uma meta coletiva, protocolos privados são gerenciados centralmente e não alcançam a "confiança através da matemática".

Eles alcançam a confiança "por meio de um contrato legal" ou "pela reputação".

Seja o protocolo público ou privado, pode-se constatar, todavia, que:

> *O mínimo denominador comum das blockchains públicas e das blockchains privadas reside no princípio do armazenamento distribuído e na verificação de dados.*

## — Toda Blockchain é uma DLT, mas nem toda DLT é uma Blockchain

Diante do que vimos nos tópicos anteriores, o termo "tecnologia de contabilidade distribuída" (DLT) surgiu como um termo mais genérico para descrever as tecnologias derivadas da Blockchain do Bitcoin.

> DLTs podem ter permissão ou, como no caso do IOTA, por exemplo, não usar blockchain.

## *Tipos de blockchain*

Como há certa confusão quanto às diferenças entre redes permissionadas (privadas) e redes não-permissionadas (públicas), este tópico tem o intuito de eliminar a confusão entre os dois, e introduzir um novo paradigma que vem ganhando bastante espaço no mercado: as blockchains híbridas.

## — Blockchains não-permissionadas ou Públicas

Em blockchains públicas, qualquer pessoa tem a capacidade de executar nós na rede; participar da validação de transação; ou criar produtos, serviços e aplicativos aproveitando o protocolo ou a rede.

Qualquer pessoa pode entrar e sair dessas redes públicas sem precisar de permissão, desde que siga as regras estabelecidas no protocolo.

Além de permitir que qualquer pessoa se envolva na rede, há algumas características associadas ao modelo não-permissionado (público), como veremos logo abaixo:

### Descentralização

As redes públicas precisam ser descentralizadas, o que significa que nenhuma entidade central tem autoridade para editar o *ledger*, desligar a rede ou alterar seus protocolos.

Muitas redes não-permissionadas são baseadas em protocolos de consenso, o que significa que mudanças de rede de qualquer tipo podem ser alcançadas, desde que 50% + 1 dos usuários concordem com isso.

## *Ativos digitais*

Outra característica das blockchains públicas (não- permissionadas) é a presença de um "sistema financeiro" na rede.

A maioria das redes públicas possui algum tipo de token de incentivo ao usuário.

Atualmente, blockchains sem-permissão empregam tokens monetários ou de utilidade, dependendo da finalidade a que eles servem.

## *Privacidade*

Considerando a forma como as blockchains operam, a "privacidade" tornou-se bastante relevante na indústria. Muitas redes públicas não exigem que os usuários enviem informações pessoais antes de criar uma carteira digital ou enviar transações.

No entanto, em certos casos, as informações pessoais são necessárias para fins legais (prevenção à lavagem de dinheiro, etc.).

O Bitcoin, por exemplo, não oferece anonimato completo, já que a identidade do usuário está indiretamente ligada aos endereços dos quais ele possui as chaves privadas.

## *Transparência*

> *As redes blockchain públicas são transparentes "por design".*

Essa é uma característica necessária, dado o fato de que os usuários envolvidos devem ser incentivados a confiar na rede.

Portanto, uma rede transparente precisa conceder aos usuários acesso livre a todas as informações, exceto às chaves privadas dos endereços.

## — **Blockchains permissionadas ou privadas**

As blockchains privadas (permissionadas) funcionam como ecossistemas fechados, onde os usuários não podem se conectar livremente à rede, ver o histórico gravado ou emitir transações próprias.

Blockchains privadas são as preferidos das organizações centralizadas, que aproveitam o poder da rede para suas próprias operações internas de negócios.

Os consórcios de empresas também podem empregar blockchains privadas para registrar transações e trocar informações entre si.

Blockchains privadas são executadas por membros específicos de consórcios ou empresas, e os membros optam pela criação de tal rede. Note que esta escolha é feita com base no design do modelo de negócios de cada empresa, podendo existir situações em que uma blockchain pública serva melhor aos propósitos de uma empresa. Necessário avaliar sempre, caso a caso.

Elas são projetadas para permitir que grupos de participantes criem seus próprios blockchains em um contexto privado. Elas não possuem uma rede pública global.

Além disso, apenas pessoas pré-aprovadas, daí o termo "permissionadas", têm a possibilidade de executar nós na rede, validar blocos de transação, emitir transações, executar contratos inteligentes ou ler o histórico de transações.

Algumas das principais características das blockchains privadas incluem:

## *Descentralização variável*

Os membros da rede blockchain estão livres para negociar e chegar a uma decisão sobre o nível de descentralização que a rede terá.

Para a blockchain privada, ele é totalmente aceito se estiver totalmente centralizado ou parcialmente descentralizado.

Alguma forma de controle central é necessária, dado o fato das entidades serem administradas por pessoas de negócios.

Além disso, as blockchains privadas são livres para escolher quais algoritmos consensuais desejam empregar, sendo o modelo de governança mais importante nesse cenário; pois a energia na rede não pode ser distribuída uniformemente entre todos os membros.

Isso levou à criação de camadas de nível de usuários do blockchain privado, permitindo que os indivíduos façam apenas o que o trabalho exige.

## *Transparência e privacidade*

As blockchains privadas não precisam ser transparentes, mas podem optar por fazê-lo livremente, dependendo da organização interna dos negócios.

Em termos de privacidade, não é necessário em um nível central e pode ser determinado individualmente com base na situação do usuário.

Muitas blockchains privadas armazenam uma quantidade extensa de dados relacionados às transações e operações realizadas pelos usuários.

Por fim, como não existe um mercado interno (economia interna) na maioria das blockchains privadas, não há necessidade de ver como os tokens estão sendo enviados ou transacionados.

## *Governança*

Para blockchains permissionadas, a governança é decidida pelos membros da rede de negócios – há inúmeras dinâmicas que podem determinar como as decisões são tomadas em nível central, mas não há necessidade de mecanismos baseados em consenso, onde a totalidade da rede deve concordar com uma mudança.

## *Blockchains permissionadas não precisam ter um token nativo*

No ecossistema de negócios tradicional, todos os participantes são identificados e, se alguns tentarem se comportar mal, podem ser processados.

Quando as partes são identificadas e têm acordos legais entre elas, o ambiente técnico não é tão hostil quanto o do mundo sob pseudônimo de blockchains de criptografia, onde o código é lei e não há termos de serviço ou acordos legais.

Ao realizarem transações, as empresas buscam dados confiáveis, atualizados e assinados pelas partes apropriadas.

Daí porque, blockchains privadas não precisam de seu próprio token nativo. Ao contrário das redes sem permissão, como Bitcoin e Ethereum, as redes permissionadas não precisam incentivar os criadores de blocos, e não precisam de prova de trabalho como o fator determinante para permitir que os participantes registrem transações no ledger compartilhado.

## — Blockchains híbridas

Aqui no Brasil, muitos gostam de se posicionar a favor, ou contra, um tipo de blockchain.

Mas o que se percebe é que no exterior, cada vez mais um número crescente de usuários (sejam indivíduos, empresas ou governos) tem optado pelas blockchains híbridas[31].

Blockchains híbridas oferecem os benefícios tanto da blockchain pública quanto da privada.

Em primeiro lugar, a blockchain híbrida se vale das vantagens tanto da blockchain pública quanto da privada, também chamada de permissionada.

Por exemplo, enquanto a rede privada gera o registro (hash) de transações, estas podem ser armazenadas e verificadas na blockchain pública.

Uma blockchain híbrida permite maior flexibilidade e controle sobre quais dados são mantidos em sigilo e quais são compartilhados em um *ledger* público, bem como oferece transações mais velozes, recursos de segurança e auditabilidade.

Enfim, oferecem qualidades inexistentes em "blockchains públicos puros".

Grandes empresas querem os benefícios que se pode obter com uma blockchain pública, sem os riscos a ela associados.

Especialmente porque blockchains ainda são uma tecnologia imatura e em evolução.

## — **Blockchains e o custo das transações**

Quando há um desnível muito grande entre informações que vendedores e compradores detém sobre determinada transação, ela não acontece; ou acontece de maneira negativa, desestimulando que outras transações semelhantes ocorram.

Pense na situação em que, ao adquirir um produto ou serviço, você pagou um preço muito acima do normalmente praticado no mercado. Ou ainda, não obteve informações sobre o serviço contratado e acabou levando "gato por lebre".

Dificilmente você voltará a comprar na mesma loja ou a contratar o mesmo profissional, pois quanto maior o nível de "assimetria das informações" entre compradores e vendedores menos eficientes são os mercados. Mais custos são exigidos para que se realize uma transação.

Para que determinado mercado prospere, compradores e vendedores precisam confiar nas informações disponíveis para decidir se, como e quando realizarão uma transação. É aqui que a conversa sobre blockchain fica interessante...

Blockchains reduzem a assimetria das informações entre compradores e vendedores, favorecendo que negócios benéficos aconteçam.

Como as infraestruturas blockchain reduzem custos de uma transação, podem tornar os mercados mais seguros e eficientes, além de expandir os tipos de transações que estamos dispostos a participar.

Mas o que compreenderiam estes custos?

Blockchains podem aumentar eficiência dos mercados ao reduzir "custos da verificação" e o "custo da rede".

## *Custos de verificação*

*Custos de verificação* compreendem todos os gastos necessários para verificar de forma barata os atributos de uma transação específica, sem incorrer em custos adicionais ou realizar uma "auditoria extra e cara".

Todo blockchain é importante por reduzir "custos de verificação". Mas... modelos de negócios apenas baseados em processamento de transações não serão sustentáveis no longo prazo.

## *Custos de rede*

Custos de rede compreendem todos gastos de mão-de-obra e capital necessários para garantir que transações em uma infraestrutura tradicional aconteçam.

> *Blockchains realmente revolucionários reduzem os "custos de rede".*

Ao possibilitar a realização de transações entre indivíduos e empresas sem atribuir poder de mercado a um intermediário central, as plataformas digitais construídas em cima de blockchains podem transformar os mercados concentrados em mercados substancialmente mais competitivos.

O que também pode reduzir as barreiras à entrada de startups e levar ao surgimento de novos produtos e serviços.

Aqui, importante ressaltar que:

> *Blockchains privadas não potencializam o "custo da rede".*

## — Soluções privadas seriam as *Intranets* nos anos 90?

O mecanismo de consenso num blockchain público exige que você possua uma quantidade mínima de tokens de rede para ser elegível para validar transações.

> "Sem permissão" é, portanto, um termo relativo que não podemos usar de maneira binária, mas sim como uma escala, variando de menos permitido para totalmente permitido.

Em um estágio tão inicial da tecnologia blockchain, as soluções privadas (permissionadas) podem ser úteis em indústrias altamente regulamentadas que desejam construir um livro-razão distribuído, mas estão sujeitas à regulamentação governamental. Os defensores da indústria afirmam que as soluções federadas podem fornecer níveis mais altos de eficiência, segurança e problemas de fraude das instituições financeiras tradicionais.

Não é muito provável que as blockchains privadas revolucionem o sistema financeiro, mas provavelmente substituirão os sistemas legados, tornando a indústria mais eficiente. Também pode ser um passo fundamental para uma adoção mais ampla da infraestrutura blockchain pública e sem permissão, uma vez que a tecnologia subjacente se torne mais escalável e madura, melhor compreendida pelos reguladores, e as pessoas desenvolvam mais know-how e confiança. Não está claro como a tecnologia funcionará a médio e longo prazo.

Alguns[32] preveem que os registros de permissão podem sofrer o destino das Intranets no início dos anos 90, quando empresas privadas construíram suas próprias redes privadas, porque tinham medo de se conectar à Internet pública. Com o tempo, esse medo desapareceu.

Hoje, as Intranets são usadas em casos muito limitados, onde são necessários altos níveis de segurança.

*Tatiana Revoredo*

# Como a confiança é gerada nas redes blockchain?

## — Blockchains são conhecidas como máquinas da confiança

A confiança é obtida mediante:

- *Algoritmos – Confiança algorítmica (obtida pela matemática), ou*
- *Contrato legal – Confiança através de um contrato legal.*

As redes públicas, pela falta de relações jurídicas existentes, exigem confiança algorítmica garantida por mecanismos de consenso como "Prova de Trabalho".

Todos os nós participantes do protocolo de consenso não são confiáveis, pois não são conhecidos de antemão. O mecanismo de consenso para essa configuração leva em conta os agentes mal-intencionados.

*Tatiana Revoredo*

# Qual o papel do "token" nas redes blockchain?

O token é um componente essencial do mecanismo para tornar uma rede descentralizada de atores (que não confiam entre si), resistente ao ataque.

Os livros-razão privados e permissionados, por outro lado, têm uma configuração federada com acordos contratuais bilaterais. Pense em um clube só para convidados, onde a rede (privada) não está acessível a participantes arbitrários. Os membros confiam uns nos outros porque têm acordos contratuais bilaterais entre si, e se algo der errado, eles sabem quem processar.

*Os protocolos permissionados (privados), portanto, não precisam de um token para incentivar uma ação coordenada, ao passo que são essenciais para redes públicas, sem permissão.*

O fato de as identidades de todos os nós participantes nas redes privadas serem conhecidas antecipadamente fornece uma proteção natural contra "ataques *Sybil*"[33].

As redes privadas e permissionadas podem, portanto, liquidar muito mais transações por segundo, eis que não precisam lidar com uma quantidade desconhecida de nós anônimos. Eles também fornecem mais privacidade do que os blockchains públicos atuais.

> *Protocolos permissionados são usadosprincipalmente pelos consórcios da indústria.*

A verificação da transação é realizada por um conjunto pré-selecionado de participantes, por exemplo, sessenta instituições financeiras, cada uma operando um nó, e onde quarenta devem assinar cada bloco para que o bloco seja válido.

Dependendo do setor e do caso de uso, o direito de ler os dados do livro pode ser público, parcialmente público ou restrito aos participantes.

Veremos mais sobre tokens e incentivos em capítulo próprio.

## *Ainda não existem blockchains 100% públicas*

Enquanto a maioria das literaturas blockchain faz uma distinção binária entre permissão e sem permissão, é importante perceber que ainda não existem blockchains 100% públicos.

Ademais, todo mecanismo de consenso requer um limite mínimo de investimento que é necessário fazer para validar transações ou escrever no ledger.

A maioria da população mundial não tem meios econômicos para comprar um hardware especializado poderoso o suficiente para minerar o Bitcoin.

Mesmo para um nó completo que valide apenas transações em uma blockchain público e não exija o mesmo nível de investimento em hardware que um nó de mineração, seria necessário investir em um PC comum.

Sem mencionar os custos necessários para um computador de mineração.

## Como são tomadas as decisões em uma Blockchain?

Pense em uma organização centralizada normal.

> *Todas as decisões são tomadas pelo líder ou por um conselho de tomadores de decisão. Isso não é possível em uma blockchain porque não existe um "líder".*

Para que decisões sejam tomadas, os participantes da rede blockchain precisam chegar a um consenso usando "mecanismos de consenso".

Não se confia em uma pessoa ou instituição, mas sim no protocolo e nos participantes da rede blockchain, que verificam as transações de acordo com o mecanismo de consenso.

## As principais tecnologias de suporte

Apesar de existirem inúmeros blockchains de diferentes tipos, todos eles são resultado de uma combinação de tecnologias.

Toda Blockchain é resultado de uma combinação de tecnologias:

— criptografia

— redes peer-to-peer

— teoria dos jogos (mecanismos de consenso).

## — **Criptografia**

A criptografia garante transparência e privacidade.

> *Funções criptográficas encriptam (codificam) transações individuais. Isso fornece pseudo-anonimato*[34][35].

Os blockchains podem conter mais informações do que os blocos de transação. Além do registro de uma ou mais transações, os blocos também contém um resumo de todos os blocos anteriores na forma de um valor de *hash*.

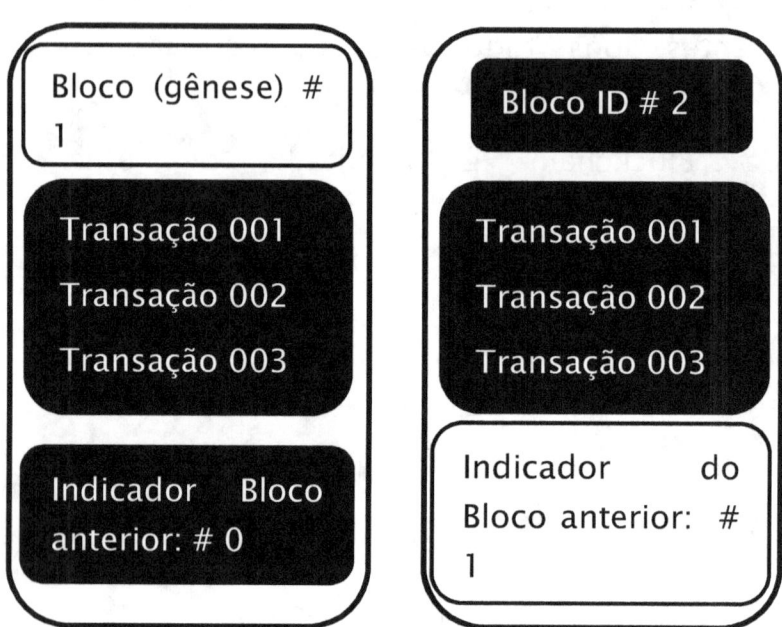

## *Hashing e valor hash*

Um valor hash é obtido através de um processo chamado "hashing", pedra angular da tecnologia como um todo e um dos principais componentes responsáveis por manter a confiabilidade e integridade em uma blockchain.

A confiabilidade e a integridade do blockchain estão enraizadas em não haver nenhuma chance de dados ou transações fraudulentas, como um gasto duplo, serem aceitos ou registrados. Uma pedra angular da tecnologia como um todo e os principais componentes para manter essa confiabilidade é o *hashing*.

Hashing é o processo de tomar uma entrada de qualquer tamanho e transformá-la em uma saída fixa criptográfica através de um algoritmo matemático (o Bitcoin usa o *SHA-256*, por exemplo).

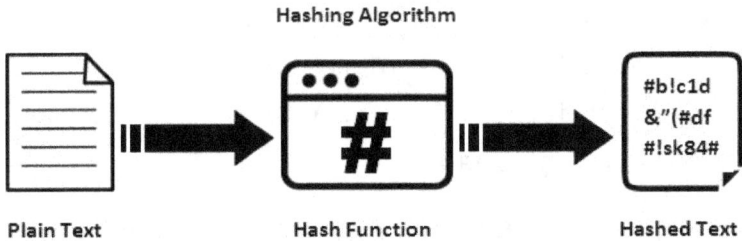

Esse valor hash serve como uma segurança codificada (criptografada) com a qual a autenticidade de uma cadeia de transações pode ser verificada.

Em tentativas de manipulação, o valor de *hash* muda.

Cada participante da rede pode adicionar novas entradas ao blockchain. Essas entradas são somente leitura e não podem ser alteradas ou removidas posteriormente.

Uma vez escrito no Blockchain uma transação, ela não pode ser alterada ou excluída, a menos que a maioria dos participantes concorde.

## *Chaves públicas e chaves privadas*

Para poder realizar transações, cada participante no blockchain recebe uma chave privada e uma chave pública.

A **chave pública** representa um endereço exclusivo (um tipo de número de conta) usado como o endereço de recebimento para transações de entrada.

A **chave privada** deve ser mantida em segredo. Funciona como uma senha. A chave privada confirma transações de saída.

Para uma transação, o remetente só precisa fornecer a chave pública do destinatário, bem como as chaves privadas necessárias para as unidades a serem transferidas ou as informações a serem confirmadas.[36]

Como nenhuma informação adicional é necessária para uma transação, os participantes da rede não precisam utilizar seus nomes ou de uma identidade oficial.

Portanto, blockchains permitem não só a transparência, mas também um "relativo" anonimato, lembrando que as blockchains mais recentes, como *Monero* e *Zcash*, desenvolveram protocolos nos quais a identidade de um endereço é completamente anônima.

## — **Rede *peer-to-peer* (P2P)**

Um componente-chave da blockchain é sua topologia de rede P2P ou, de outra forma, seu arranjo de nós em uma rede, o que elimina a necessidade de um terceiro confiável ou serviço intermediário para executar determinadas funções.

Em sistemas centralizados, os nós[37] são organizados em uma rede cliente-servidor e o servidor atua como uma única autoridade de controle responsável por todas as operações no sistema.

Nas redes tradicionais, todos os usuários (clientes) dependem de um único serviço (servidor).

Esse é um modelo comum de fornecimento de serviços on-line e é evidenciado, por exemplo, em como as plataformas on-line, como o Facebook ou a eBay, funcionam.

Em uma rede peer-to-peer, os dados e a computação são distribuídos por vários nós em uma rede, sem a necessidade de um intermediário, um servidor, ou validador de confiança tradicional. Veremos mais sobre redes peer-to-peer em tópico adiante.

## — Teoria dos Jogos

O que faltava aos sistemas peer-to-peer antes do Bitcoin era uma camada de incentivo econômico para coordenação da rede de participantes.

Foi a implementação da teoria dos jogos, isto é, a implementação de um mecanismo de consenso por Satoshi Nakamoto, no caso da Blockchain Bitcoin, chamado de Prova de Trabalho (POW) que possibilitou um novo campo de coordenação econômica, agora chamado de Criptoeconomia.

Sistemas de incentivos econômicos garantem que os participantes tenham comportamentos em favor da segurança e do perfeito funcionamento do sistema.

Os incentivos motivam os participantes a atuarem na rede em seu próprio interesse: Prova de Trabalho (POW), Prova de Participação / Aposta (*PoS - Proof of Stake*), Prova de Participação Delegada (*DPoS - Delegated Proof of Stake*), Prova de Queima (*POB - Proof of Burn*), dentre outros.

Participantes individuais no sistema são economicamente incentivados a verificar as transações de acordo com o protocolo (mecanismo) de consenso.

Veremos mais detalhadamente sobre mecanismos de consenso, mais ao final deste capítulo.

Por ora, basta sabermos que as tecnologias subjacentes de qualquer blockchain são criptografia, redes peer-to-peer e teoria dos jogos (ou mecanismos de consenso).

# Capítulo 2 | Descentralização importa!

*Redes descentralizadas não são uma bala de prata que consertará todos os problemas na Internet; mas elas oferecem uma abordagem muito melhor do que os sistemas centralizados.*

## O que é descentralização?[38]

*Mecanismos de consenso substituindo uma autoridade central (Revoredo, 2018)*

Um dos aspectos mais empolgantes da arquitetura Blockchain é que ela foi projetada para ser inteiramente decentralizada[39]

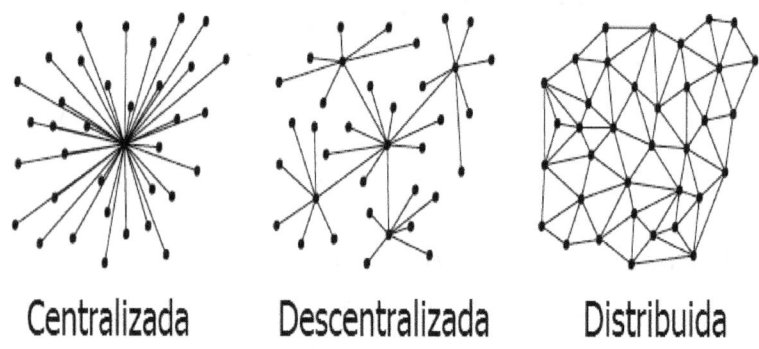

Ilustração de redes centralizadas, descentralizadas e distribuídas (Fonte: Baran, 1964)

Considere os nós representados na figura acima. Em uma rede distribuída, não há autoridade central. Em vez disso, o controle é distribuído entre muitos nós. Uma inovação chave na blockchain é que, como uma rede distribuída, alcança o controle coletivo sobre a rede empregando um mecanismo de consenso (algoritmo). Isso tem significativos benefícios e implicações estratégicas.

Aqui, vale abrir um parênteses: Vitalik Buterin, um dos fundadores da Ethereum, usa o termo "descentralizado" para se referir ao sistema de rede associado à blockchain, enquanto muitos especialistas do setor referem-se a redes "distribuídas". A indústria ainda não se estabeleceu em uma convenção para este termo. Alguns especialistas referem-se a sistemas descentralizados, enquanto outros se referem a sistemas distribuídos. Portanto, esses termos serão usados de forma intercambiável, a fim de adotar uma via secundária em termos de simplicidade.

Essa flutuação de termos diferentes é um reflexo de um domínio tecnológico imaturo, pois os líderes de pensamento ainda estão descobrindo novas ideias e como descrevê-las. Futuramente, a indústria vai resolver algo mais consistente. Como exemplo de comparação, enquanto alguns diziam "a Internet", outros a chamavam de "*World Wide Web*". Hoje, a maioria das pessoas decidiu usar o termo "internet".

Da mesma forma, para os especialistas da indústria blockchain, um dia se estabelecerá em uma convenção como "descentralizada" ou "distribuída".

Mas, voltando ao nosso livro, a pergunta que sempre surge é: porque a descentralização é útil?

## — Razões para a descentralização

### Tolerância a falhas

Sistemas descentralizados têm menor probabilidade de falhar acidentalmente porque dependem de muitos componentes separados que não são prováveis.

### Resistência ao ataque

Os sistemas descentralizados são mais caros para atacar e destruir ou manipular porque não possuem pontos centrais sensíveis que podem ser atacados a um custo muito menor do que o tamanho econômico do sistema circundante.

## *Resistência ao conluio*

É muito mais difícil para os participantes em sistemas descentralizados conspirar para agir de forma a beneficiá-los às custas de outros participantes, enquanto as lideranças de corporações e governos conspiram de formas que beneficiam a si mesmas, mas prejudicam cidadãos menos bem coordenados, funcionários e público em geral o tempo todo.

## — Os protocolos são projetados para serem descentralizados

Todo protocolo Blockchain busca uma natureza distribuída, evitando uma entidade centralizada no controle da rede.

A maneira pela qual os dados são registrados em uma blockchain torna o sistema mais seguro e resume, portanto, uma de suas qualidades mais vantajosas: a descentralização.

Descentralizado significa que não existe um único ponto de falha, não existe uma entidade única no controle da rede.

> *O termo distribuído refere-se ao blockchain em si. Relaciona-se como cada nó que está sincronizado com a blockchain possui uma cópia do ledger (Revoredo, 2018).*

Em vez de depender de uma autoridade central para validar transações entre os usuários do sistema, a blockchain utiliza mecanismos de consenso para validar transações e registrar dados de uma maneira incorruptível (Revoredo, 2018).

Veremos isto mais detalhadamente no tópico "Protocolos de Consenso".

## — A descentralização e o custo das transações

Como o sistema não depende de uma autoridade central, as taxas normalmente cobradas por essas organizações não são mais um fator. Portanto, as transações na blockchain são mais baratas, já que os únicos custos incorridos pelas partes envolvidas são as taxas nominais usadas para recompensar os criadores e validadores das transações ou os participantes que executam um nó na rede.

## — A descentralização é garantia da segurança

As informações gravadas na rede são consideradas verdadeiras, pois blockchains são projetados para ter em uma estrutura descentralizada, tornando-se quase impossível manipular os dados registrados na rede.

As várias cópias da Blockchain distribuídas entre participantes da rede exigem um consenso complexo a ser editado.

Dito de outro modo, os dados são considerados seguros porque **não** são dependentes de um armazenamento centralizado, o que reduz seu risco de perda ou destruição.

Isto é, atacar um ponto numa rede descentralizada não resultaria em perda de dados, pois todas as informações estão gravadas em dispositivos espalhados pelo mundo inteiro, pelo menos em tese.

A este respeito a Blockchain Bitcoin é a plataforma mais resiliente atualmente, tendo resistido a tentativas diárias de *"hack"*, sem nunca ter sido invadida.

É por isso que, recentemente, um relatório econômico emitido pelo Congresso Americano reconheceu as criptomoedas como algo revolucionário, além de apontar a arquitetura blockchain como a mais segura para proteção de dados (Congresso dos Estados Unidos da América, 2018).

## — Porque não se deve concentrar apenas na descentralização arquitetônica?

Quando as pessoas falam sobre descentralização de software, existem três eixos distintos de centralização / descentralização dos quais eles podem estar falando (Vitalik, 2016).

Enquanto em alguns casos é difícil ver como você pode ter um sem o outro, em geral eles são bastante independentes uns dos outros. Os eixos são os seguintes:

## *(Des)centralização arquitetônica*

De quantos computadores físicos um sistema é constituído? Quantos desses computadores toleram quebrar a qualquer momento?

## *(Des)centralização política*

Quantas pessoas ou organizações controlam os computadores dos quais o sistema é composto?

## *(Des)centralização lógica*

A interface e as estruturas de dados que o sistema apresenta e mantém se parecem mais com um único objeto monolítico ou um enxame amorfo? Se você cortar o sistema pela metade, incluindo provedores e usuários, as duas partes continuarão operando totalmente como unidades independentes?

Agora que sabemos os eixos possíveis quando se fala em centralização e descentralização, podemos dizer que:

> *As **blockchains são politicamente descentralizados** (ninguém os controla) e **arquitetonicamente descentralizados** (nenhum ponto central infraestrutural de falha), **mas são logicamente centralizados** (existe um estado comumente acordado e o sistema se comporta como um único computador). (Vitalik, 2016)*

Ora, vale destacar aqui que eventual centralização minaria o propósito das estruturas Blockchain. Isto porque, tornaria o protocolo de consenso ineficiente.

> *É a descentralização que garante a segurança, neutralidade política e autenticidade em um Blockchain (Revoredo, 2018).*

Para exemplificar, considere os seguintes cenários:

- Todos os nós em uma blockchain executam o mesmo software, e esse software acaba tendo um bug.

- Todos os nós[40] em uma blockchain executam o mesmo software cliente, e a equipe de desenvolvimento desse software acaba sendo corrompida socialmente.

- A equipe de pesquisa que está propondo atualizações de protocolos acaba sendo socialmente corrompida.

- Em uma blockchain que usa PoW (prova de trabalho) como mecanismo de consenso, 70% dos mineradores estão no mesmo país, e o governo deste país decide tomar todas as fazendas de mineração para fins de segurança nacional.

- A maioria dos hardwares de mineração é construída pela mesma empresa, e essa empresa é subornada ou coagida a implementar um *backdoor* que permite que esse hardware seja desligado "à vontade".

- Em uma blockchain que usa PoS (Proof of Stake) como mecanismo de consenso[41], 70% dos tokens em jogo são mantidas em uma única *Exchange*.

Das situações acima, extrai-se que a centralização "lógica" torna a "descentralização arquitetural" mais difícil, bem como atrapalha a "descentralização política".

## — Descentralização vs. Armazenamento em "nuvem"

A descentralização não deve ser confundida com o armazenamento em nuvem. Os dados armazenados na "nuvem" (*Cloud Storage*) não são armazenados diretamente em um dispositivo, mas são mantidos em um servidor central em outro local. Ao contrário da blockchain, portanto, esta é ainda uma solução centralizada.

> *Os dados armazenados em uma blockchain não são armazenados em um único ponto central, mas distribuídos em muitos dispositivos*

*diferentes em uma rede P2P (rede ponto a ponto) (Revoredo, 2018).*

## O que é uma rede peer-to-peer?

Uma rede *P2P* (abreviação de *Peer-to-Peer*, ponto a ponto) é uma parte muito importante das estruturas Blockchain e uma das razões por que elas são tão sólidas e seguras.

*Uma rede peer-to-peer é aquela em que dois ou mais computadores compartilham arquivos e acessam dispositivos sem precisar de um servidor ou software de servidor. (Revoredo, 2018)*

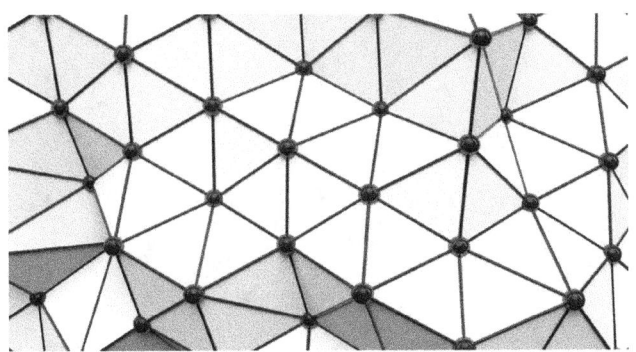

Rede Peer-to-Peer (P2P) é uma arquitetura de uma aplicação distribuída que compartilha tarefas ou cargas de trabalho entre pares.

Os pares são igualmente privilegiados, participantes equipotentes nesta aplicação. Diz-se que eles formam uma rede peer-to-peer de *nodes* (nós, em português).

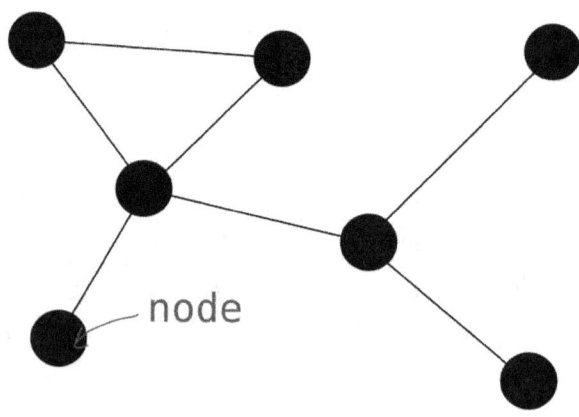

# Capítulo 3
# |Protocolos de Consenso

*Na verdade, o único pecado que nunca perdoamos uns aos outros é a diferença de opinião. (Emerson, 1893)*

## *Introdução*

Como vimos no capítulo anterior, as estruturas blockchain não possuem um líder, de modo que para uma decisão ser tomada em uma blockchain, é preciso que os participantes da rede cheguem a um consenso através de um protocolo (mecanismo).

## *O que é consenso?*

É assim que a Wikipedia define a tomada de decisão consensual:

> *"**Consenso** é um conceito que descreve um tipo de acordo produzido por consentimento entre todos os membros de um grupo ou entre vários grupos. A "falta de consenso" é o **dissenso**.*
> 
> *O consenso se diferencia de uma maioria, pois neste caso, há também uma minoria que discorda, enquanto no*

*consenso, por definição, não há discordâncias." (Wikipedia, 2019)*

A decisão por consenso é, portanto, um processo de tomada de decisão em grupo no qual os membros do grupo se desenvolvem e concordam em apoiar uma decisão no melhor interesse do todo.

Em poucas palavras, o consenso é uma maneira dinâmica de se chegar a um acordo em um grupo.

Embora a votação apenas se estabeleça para uma regra da maioria sem pensar nos sentimentos e no bem-estar da minoria, um consenso, por outro lado, garante que seja alcançado um acordo que possa beneficiar o grupo como um todo.

## *O que é um mecanismo de consenso?*

Um método pelo qual a tomada de decisão por consenso é alcançada chama-se "mecanismo de consenso".

Nas blockchains, um protocolo ou mecanismo de consenso é um conjunto de regras que descreve como funciona a comunicação e transmissão de dados entre dispositivos eletrônicos, conhecidos por nós ou *nodes* (em inglês).

> *O consenso é alcançado quando dispositivos suficientes estão de acordo sobre o que é verdadeiro e o que deve ser gravado em uma blockchain.*
>
> *Portanto, os protocolos de consenso são as regras que permitem que dispositivos espalhados pelo mundo cheguem a um acordo, permitindo que uma rede blockchain funcione sem ser corrompida (Revoredo, 2018).*

Então, agora que definimos o que protocolos de consenso são, vamos ver quais são os objetivos de um mecanismo de consenso (dados extraídos da Wikipedia).

## — Objetivos de um mecanismo de consenso?

### *Concordância*

Um mecanismo de consenso deve trazer o máximo de concordância ao grupo quanto possível.

### *Colaboração*

Todos os participantes devem procurar trabalhar juntos para alcançar um resultado que coloque em primeiro lugar o melhor interesse do grupo.

### *Cooperação*

Todos os participantes não devem colocar seus próprios interesses em primeiro lugar, mas sim trabalhar em equipe mais do que individualmente.

### *Igualdade*

Um grupo que tenta alcançar o consenso deve ser o mais igualitário possível. Isto basicamente significa que cada voto tem igual ponderação.

O voto de uma pessoa não pode ser mais importante que o de outra pessoa.

## Inclusão

O maior número possível de pessoas deve estar envolvido no processo de consenso. Não deve ser como uma votação normal, onde as pessoas realmente não querem votar, porque acreditam que o voto delas não terá peso algum a longo prazo.

## Participação

O mecanismo de consenso deve ser tal que todos devem participar ativamente no processo geral.

## — Qual a principal diferença entre os mecanismos de consenso?

Há muitas maneiras de se chegar a um consenso e, por isso, vários mecanismos de consenso foram criados, cada um com suas próprias vantagens e desvantagens.

Todos eles servem ao mesmo propósito descrito acima, mas diferem na metodologia.

> *A principal diferença entre os diferentes tipos de mecanismos de consenso é a maneira pela qual eles delegam e recompensam a verificação das transações (Rosic, 2018).*

## — O problema dos Generais Bizantinos

Antes do bitcoin, inúmeras iterações de sistemas monetários descentralizados *peer-to-peer* falharam porque não conseguiram responder ao maior problema para se chegar a um consenso: o problema dos "Problema Generais Bizantinos".

Imagine que há um grupo de generais bizantinos e eles querem atacar uma cidade. Eles estão enfrentando dois problemas bem distintos.

Primeiro, os generais e seus exércitos estão muito distantes, de modo que uma decisão centralizada é impossível, o que torna o ataque coordenado muito difícil.

Segundo, a cidade tem um enorme exército e a única maneira de vencer é se todos atacarem de uma só vez.

Para conseguir uma coordenação bem-sucedida, os exércitos à esquerda do castelo enviam um mensageiro para os exércitos à direita do castelo com uma mensagem que diz "ATAQUE TERÇA-FEIRA".

Contudo, suponha que os exércitos à direita não estejam preparados para o ataque, e responda: "NÃO! ATAQUE QUARTA-FEIRA "e mande de volta o mensageiro para os exércitos à esquerda.

É aqui que enfrentamos um problema.

Várias coisas podem acontecer ao pobre mensageiro.

Primeiro, ele poderia ser capturado, morto e substituído por outro mensageiro. Isso levaria os exércitos a obter informações equivocadas, o que poderia resultar em um ataque descoordenado e uma derrota.

Isto tem consequências claras à blockchain também.

A cadeia é uma rede enorme; como você pode confiar?

Se você enviasse 4 *tokens* de sua carteira, como você saberia com certeza que alguém na rede não vai mexer neles e trocar de 4 a 40 *tokens*?

O que esses generais precisam é de um mecanismo de consenso que garanta que seu exército possa realmente atacar como uma unidade, apesar de todos esses contratempos.

Agora vamos ver uma lista de mecanismos de consenso que podem resolver o problema dos generais bizantinos.

*Tatiana Revoredo*

# *Os mecanismos de consenso blockchain mais populares*

Os mecanismos de consenso de blockchain mais populares são os sistemas de Prova de Trabalho (*PoW - Proof of Work*) e Prova de Participação (*PoS - Proof of Stake*).

## — **Prova De Trabalho (POW)**

Satoshi Nakamoto, o criador do Bitcoin, conseguiu contornar o problema dos Generais Bizantinos inventando o protocolo de prova de trabalho[42].

Muitas outras blockchains seguiram o exemplo da Blockchain Bitcoin e também adotaram esse mecanismo de consenso.

A única maneira de adulterar ou "corromper" uma rede Blockchain é através de um "51% *attack*".

## *O que é um 51% attack?*

O ataque 51% ainda é hipotético e ocorre quando um grupo de mineradores mal-intencionados controlam mais de 50% do poder computacional da rede de um Blockchain.

Um ataque 51% ou um ataque de gasto duplo (*doble spending attack,* em inglês) ocorre quando um minerador ou um grupo de mineradores em um blockchain tenta gastar uma criptomoeda duas vezes.

Eles tentam "dobrá-las", daí o nome "ataque do gasto duplo".

O objetivo nem sempre é duplicar os gastos com criptomoedas, mas geralmente é causar descrédito em relação a uma determinada criptomoeda ou blockchain, afetando sua integridade.

Esses agentes maliciosos poderiam impedir que novas transações na rede Blockchain fossem confirmadas, permitindo que pagamentos fossem realizados entre alguns ou todos os usuários da rede.

Tais agentes maliciosos também seriam capazes de reverter as transações já concluídas enquanto estivessem no controle da rede, o que significa que poderiam gastar duas "moedas" para fazer um único pagamento (o que é conhecido como gasto duplo ou *double spending*).

Nesse passo, sabendo que a única maneira de "dominar" uma rede Blockchain é através de um ataque 51%.

Satoshi Nakamoto então propôs, no White Paper Blockchain Bitcoin, o uso de um sistema chamado PoW – Proof of Work –, ou prova de trabalho em português, para impedir que uma entidade (agente mal-intencionado) obtenha o controle majoritário na rede Bitcoin.

> *A aplicação de prova de trabalho dessa maneira é sem dúvida a ideia essencial do Bitcoin, e foi revolucionária, pois permite o* **consenso automatizado e distribuído**.

O processo de prova de trabalho é conhecido como mineração e os nodes[43] (ou nós, em português) são conhecidos como mineradores.

## *A Mineração de Bitcoin: como funciona?*

1 – Um grupo de transações é empacotado em um conjunto de memórias (*mempool*).

2 – Mineradores verificam se cada transação no "*mempool*" é legítima, resolvendo um enigma matemático.

3 – O primeiro minerador a resolver o quebra-cabeça é recompensado com um Bitcoin recém-cunhado (a recompensa pela criação do bloco) e taxas de transação de rede.

4 – O *mempool* verificado, agora chamado de bloco, é anexado à blockchain.

## Simulador de Mineração

Caso você deseje ver como funciona a mineração, há um simulador no site: https://yogh.io/#mine:last .

# Características-chave da Prova de Trabalho

O tipo de quebra-cabeças que os mineradores devem resolver possui algumas características-chave que definem o sistema de Provas de Trabalho:

## Os enigmas são assimétricos

Tal significa que é difícil para os mineradores resolverem, mas a resposta correta é facilmente verificada pela rede.

## Os quebra-cabeças não exigem nenhuma habilidade especial; eles exigem força bruta.

Isso garante que certos mineradores não obtenham uma vantagem injusta sobre os outros.

A única maneira de um minerador melhorar suas chances de resolver um quebra-cabeça é adquirir poder computacional adicional; algo que é muito intensivo em energia e capital.

## Os parâmetros do quebra-cabeça são atualizados periodicamente para manter o tempo de bloco consistente.

O protocolo Bitcoin, por exemplo, tem um tempo alvo de geração de bloco de 10 minutos.

Por exemplo, se o tempo médio do bloco durante duas semanas diminuiu para menos de 10 minutos, a rede aumentará automaticamente a dificuldade. Isso, por sua vez, aumenta o número de cálculos e o tempo médio necessário para que o quebra-cabeça seja resolvido.

## — Prova de Participação

Os sistemas de prova de participação, também conhecida como POS (Proof-of-Stake) têm o mesmo propósito de validar transações e obter consenso, no entanto, o processo é bem diferente do que nos sistemas de prova de trabalho.

Com a Prova de Participação, não há quebra-cabeça matemático, ao contrário, o criador de um novo bloco é escolhido de forma determinística com base em sua aposta.

A aposta é quantas moedas / tokens o participante possui. Por exemplo, se uma pessoa apostar 10 moedas e outra apostar 50 moedas, a pessoa que estiver apostando 50 moedas terá 5 vezes mais chances de ser escolhida como o próximo validador de bloco.

Uma das principais vantagens do protocolo *Proof of Stake* é a maior eficiência energética.

Ao cortar o processo de mineração com uso intensivo de energia, os sistemas de Prova de Participação podem se mostrar uma opção muito mais ecológica em comparação com os sistemas de Prova de Trabalho.

Além disso, os incentivos econômicos fornecidos pelos sistemas de Prova de Participação podem melhorar a performance da rede.

Sob um sistema de Prova de Trabalho, um minerador potencialmente poderia não possuir nenhuma das criptomoedas que está minerando, buscando apenas maximizar seus próprios lucros.

Por outro lado, em um sistema de prova de participação, os validadores devem possuir e suportar a criptomoeda que estão verificando.

Outra distinção fundamental entre Prova de Participação e Prova de Trabalho é que sob a Prova de Participação não há criação de um novo *token*[44], ou de uma nova criptomoeda (com a mineração de um bloco).

Em vez disso, todos os tokens são criados no lançamento do Blockchain. Isso significa que os validadores (mineradores) são recompensados com as taxas de transação (não recebem criptomoedas recém-cunhadas pela criação de um novo bloco, como ocorre na prova de trabalho) (Schumann, 2018).

## — *Delegated PoS (DPoS)*

DPOS ou *Delegated Proof Of Stake* é uma forma interessante de mecanismo de consenso.

Blockchain EOS está usando esse mecanismo de consenso para expandir para milhões de transações por segundo.

Se eles realmente conseguirem, eles o farão graças ao DPOS.

Em primeiro lugar, qualquer pessoa que possua tokens em uma blockchain integrado no software EOS pode selecionar os criadores do bloco por meio de um sistema de votação por aprovação contínua.

Qualquer um pode participar da eleição do produtor de blocos e terá a oportunidade de produzir blocos proporcionais ao total de votos que recebem em relação a todos os outros produtores / criadores de bloco.

## Como funciona?

Blocos são produzidos a cada 21 rodadas.

No início de cada rodada, são escolhidos 21 criadores de blocos. Os top 20 são automaticamente escolhidos, enquanto o 21º é escolhido proporcionalmente ao número de seus votos em relação aos outros produtores / criadores de bloco.

Os produtores de blocos são então escolhidos usando um número pseudoaleatório derivado do tempo do bloco. Isso é feito para garantir que seja mantida uma conectividade de equilíbrio com todos os outros produtores.

Para garantir que a produção regular de blocos seja mantida e que o tempo do blockchain seja mantido em 3 segundos, os produtores que não participarem da criação do bloco são punidos e removidos da operação. Um produtor tem que produzir pelo menos um bloco a cada 24 horas para ser considerado.

O sistema DPOS não possui divisões na rede (forks) porque, em vez de competir para incluir um bloco na blockchain, os produtores terão que cooperar. No caso de uma bifurcação, o consenso muda automaticamente para a cadeia mais longa.

## — Tolerância à Falha Bizantina Delegada (*DBFT*)

Este é o mecanismo de consenso escolhido pelo Blockchain NEO.

Imagine que há um país "Blockchain World" e este país tem muitos cidadãos.

Cada um desses cidadãos elegeria um Delegado para representá-los e fazê-los felizes. O trabalho desses delegados é aprovar leis que farão os cidadãos felizes, se eles não forem bons em seu trabalho, então os cidadãos podem simplesmente votar em outro delegado na próxima vez.

Então, como os delegados aprovam leis?

Um dos delegados é escolhido aleatoriamente como orador.

O orador, em seguida, olha para todas as demandas dos cidadãos e cria uma lei.

Eles então calculam um "fator de felicidade" dessas leis para ver se o número é suficiente para satisfazer as necessidades dos cidadãos, ou não. Eles então passam isso para os delegados.

Os delegados então verificam individualmente os cálculos do orador.

Se os cálculos do orador corresponder aos do Delegado, ele dará sua aprovação. Caso contrário, ele reprovará.

66% dos delegados precisam aprovar a lei.

Se a maioria não estiver "de acordo", então um novo líder é escolhido e o processo recomeça.

Então, vamos ver como isso se aplica na blockchain NEO.

Os cidadãos são quem possui tokens NEO.

Delegados são os *bookkeeping nodes* (nós contábeis).

Para ser um "nó contábil", você precisa satisfazer uma certa quantidade de qualificações: ter equipamentos especiais, conexões de Internet dedicadas e uma certa quantidade de "gás" (combustível).

As "demandas dos cidadãos" são basicamente as várias transações feitas pelos detentores de tokens.

A "lei" é o bloco atual que deve ser adicionado ao blockchain.

O "fator felicidade" é o "hash" do bloco atual.

Estes são 4 dos mecanismos de consenso mais comuns.

Existem muitos outros e, caso você deseje se aprofundar um pouco mais, sugiro que leia mais sobre: Proof Of Activity, proof of burn, Proof Of Elapsed Time e Proof Of Capacity.

# Capítulo 4 | O propósito e os desafios das blockchains

*O principal desafio não é tecnológico, mas cultural.*

## Como garantir segurança, neutralidade política e autenticidade?

Blockchains não efetivamente decentralizados minariam o propósito para os quais foram concebidos.

Tal tornaria o protocolo de consenso ineficiente.

### — O mecanismo de consenso descentralizado "hoje" prejudica a escalabilidade

Qualquer *node* (computador que integra uma rede blockchain) que participe de uma rede com protocolo de consenso público deve processar "todas" as transações. Isso requer um aumento constante do poder computacional e acarreta o risco de centralização.

## Os principais obstáculos tecnológicos

## — **Escalabilidade**

## *O que é?*

Quando falamos de escalabilidade, estamos necessariamente pensando em como criar uma rede, com número crescente de transações, que seja capaz de suportar o aumento de demanda.

O escalonamento da blockchain é um desafio a ser vencido e tem sido uma área ativa de pesquisa há vários anos.

Se você tem acompanhado a comunidade Bitcoin nos últimos anos, já deve ter ouvido falar de duas soluções de escala específicas para a Blockchain Bitcoin, conhecidas como *SegWit* e o aumento do tamanho do bloco de 2 megabytes (MB).

Ambas as soluções visam resolver o problema específico da Blockchain Bitcoin: seu tamanho rígido de 1 megabyte (MB) por bloco, que limita o número de transações "processadas".

Atualmente, a Blockchain Bitcoin, apesar de ter um limite teórico de 4.000 transações por segundo, atualmente tem um teto rígido de cerca de 7 transações por segundo para transações pequenas e 3 por segundo para transações mais complexas.

Como resultado, a Blockchain Bitcoin vem enfrentando atrasos (às vezes, horas e até dias) no processamento e confirmação de transações quando há uma grande demanda como a que ocorreu em dezembro de 2017.

Da mesma forma, a Blockchain Ethereum também enfrenta limitações em sua capacidade de escalonar.

O limite de gás da Ethereum é um pouco semelhante ao limite de 1 MB do Bitcoin no tamanho de cada bloco, com a diferença de que o limite de transações na Ethereum é dinamicamente definido pelos mineradores, enquanto o limite de tamanho do bloco do Bitcoin é codificado no protocolo.

Esse limite de gás para a Ethereum impõe um limite suave na energia computacional da rede por bloco: com o limite atual de 6,7 milhões de gases e a média atual de gás usada por transação padrão de aproximadamente 21K, obtemos aproximadamente 300 transações padrão a cada bloco[45].

O tempo médio de processamento atual na Blockchain Ethereum é de 20 segundos, o que equivale a aproximadamente 15 transações por segundo (300/20 = 15) na melhor das hipóteses[46].

E isto é muito menos com transações mais complexas, o que gira em torno de aproximadamente 7 transações por segundo[47]. Se observarmos que o número de transações na rede Ethereum está crescendo a um ritmo considerável, percebemos como isto se torna um belo problema.

Diante disto, vejamos a seguir algumas das soluções propostas que estão sendo discutidas na comunidade para solucionar a escalabilidade, sem prejudicar a descentralização.

## *Como Blockchains podem escalar e manter seu caráter distribuído?*

Para que a blockchain alcance escala com descentralização, duas direções podem ser tomadas. A primeira delas é melhorar seu protocolo.

## Melhorar o protocolo blockchain...

Para que o protocolo blockchain seja aprimorado, é preciso um mecanismo que limite o número de participantes necessários à validação de cada transação na blockchain. Logicamente, sem perder a confiança de que essa validação seja confiável.

Como exemplos de soluções que estão sendo construídas neste sentido, podemos citar o *SegWit* (só para o Bitcoin Blockchain) e o tamanho do bloco de 2 MB (solução só para o Bitcoin Blockchain).

## Layer2 Solutions (soluções de segunda camada)

Outro caminho que se tem adotado para possibilitar a escalabilidade da blockchain (sem prejuízo à descentralização nos mecanismos de consenso públicos), é a "**Layer2 Solutions**" (soluções de segunda camada).

Isto é, usar o blockchain como uma âncora confiável, mas para direcionar a maioria das transações para fora da cadeia.

Como Layer2 Solutions, podemos citar: Off-chain state channels, off-Chain computations (*Truebit*), *Lightning Network*, **Raiden Network**, **Sharding**, **Plasma**, **Counterfactual**, **bloXroute**, dentre outros. Vejamos um pouco mais a fundo algumas destas soluções.

## *Soluções de segunda camada*

### Off-chain state channels

São essencialmente um mecanismo pelo qual as interações que poderiam e normalmente ocorreriam dentro de uma blockchain, em vez disso, são conduzidas para fora da cadeia.

Isso é feito de maneira criptograficamente segura, sem aumentar o risco, proporcionando melhorias significativas no custo e na velocidade. Falaremos mais sobre off-chains quando abordarmos a privacidade de dados nas blockchains.

### Lightning Network

É uma rede descentralizada que usa canais de estado por meio de contratos inteligentes para permitir pagamentos instantâneos e escalonáveis em uma rede de participantes. Inicialmente, a Lightning Network foi criada para o Bitcoin, mas agora parece que eles também permitem transações através de blockchains.

## Raiden Network

É a analogia Ethereum da rede Lightning. A Raiden também utiliza redes de estado fora da cadeia para estender a Ethereum com transações escaláveis e instantâneas.

## Plasma

Foi introduzido muito recentemente e está entre as soluções propostas mais promissoras para computação escalável na blockchain.

O plasma é essencialmente uma série de *smart contracts* que correm em cima de uma blockchain raiz (isto é, a blockchain principal do Ethereum). É uma estrutura escalável que permite o processar de uma quantidade significativa de aplicativos financeiros decentralizados na blockchain.

## TrueBit

É um exemplo de "off-chain computations", e é uma solução que usa cálculos fora da cadeia para permitir transações escaláveis entre os contratos inteligentes da blockchain Ethereum.

Essencialmente, o TrueBit usa uma camada fora da blockchain para fazer o trabalho pesado. Em outras palavras, é um sistema que executa verificadamente cálculos off-chain (fora da rede).

Do contrário, tais cálculos seriam absurdamente custosos se fossem executados na rede.

## A "help" das soluções indiretas

Há, ainda, soluções indiretas que, embora não pretendam solucionar a escalabilidade diretamente, ajudam a resolver indiretamente alguns de seus problemas. Como exemplo, podemos citar: *proof of stake*[48], *blockchain rent*[49] armazenamento decentralizado, dentre outros.

## Proof-of-Stake

Como o ***proof-of-stake*** [50] pode ajudar na escalabilidade?

Dividindo a responsabilidade de validação entre muitos nós[51] para que cada nó não precise processar todas as transações que ocorrem na blockchain.

Outra razão pela qual o *proof-of-stake* ajuda indiretamente a escalabilidade na blockchain *Ethereum* é porque os validadores ganham apenas taxas de transação. Diferentemente da prova-de-trabalho que emite novos *tokens* como recompensa aos mineradores que validam os blocos.

## Blockchain Rent

O *blockchain rent* é uma solução específica do Ethereum que visa reduzir a quantidade de dados armazenados na rede para ajudar a acelerar o tempo das transações[52].

O *blockchain rent* propõe definir o custo de armazenamento como 'bytes x tempo'. Dessa forma, há um incentivo embutido no protocolo para manter a rede mais leve e reduzir os tempos de transação.

### Armazenamento descentralizado

Outra solução indireta para a escalabilidade é usar um serviço de armazenamento descentralizado como o "Swarm", para manter a rede mais leve.

"Swarm"[53] é um protocolo de compartilhamento de arquivos peer-to-peer para Ethereum que permite armazenar código de aplicativo e dados da blockchain principal em "nodes" de "Swarm".

Estes são conectados à Ethereum, e em vez de armazenar todos os dados transacionados na blockchain, armazenam apenas aqueles requisitados com mais frequência. Os demais dados são armazenados na "nuvem" via Swarm.

## *Escalabilidade: uma perspectiva promissora*

Embora nenhum dos caminhos acima torne as blockchains escaláveis "hoje", tais soluções tem ajudado a melhorar a escalabilidade dia-a-dia. E certamente, nos traz uma perspectiva promissora para que as redes tornem-se escaláveis num futuro próximo.

## — **Interoperabilidade**

Para que as plataformas blockchain tenham sucesso, elas precisarão ser capazes de se comunicar e compartilhar dados. Isto é, elas precisarão ser interoperáveis.

Embora a interoperabilidade entre blockchains possa ser alcançada de várias maneiras diferentes, podemos dividi-las em duas abordagens básicas para facilitar o aprendizado.

### *Via confiança off-chain (externa)*

A primeira abordagem de interoperabilidade envolve o uso de autoridades ou terceiros validadores de confiança para validar transações ou informações.

Imagine, por exemplo, que dois ou mais blockchains concordaram em confiar em uma "entidade off-chain" (fora da rede) para transferir informações entre as blockchains, ou para registrar o estado das respectivas blockchains (para que cada uma possa confiar no que aconteceu na outra).

Vamos supor que um serviço notarial seja esta "entidade off-chain", podendo ser totalmente centralizado (um único terceiro confiável) ou federado (um grupo de provedores desses serviços).

Várias blockchains também podem contar com uma fonte de dados externa para fornecer informações de referência confiáveis como, por exemplo, certificados que provam a identidade de uma pessoa ou ativo.

A linha comum em todos esses casos é que a confiança é externa, investida em alguma autoridade fora da cadeia.

A outra abordagem de interoperabilidade envolve o compartilhamento de informações diretamente entre blockchains, sem a necessidade de uma autoridade externa, ou de terceiros.

## *Via confiança on-chain (interna)*

Tais soluções geralmente empregam outras blockchains ou contratos inteligentes para fornecer a confiança necessária para realizar transações entre cadeias ou trocar dados, criando assim uma ponte direta entre as cadeias.

Como a escalabilidade, a interoperabilidade é outro dos principais desafios tecnológicos no mundo blockchain no momento.

Muito tempo e esforço estão sendo investidos no desenvolvimento de várias abordagens e soluções, e podemos esperar que com o tempo se torne mais fácil e rápido para blockchains diferentes funcionarem juntos.

## — **Segurança**

### *O rápido crescimento do ambiente digital*

A segurança é uma questão que tem despertado preocupação recorrente de cidadãos, empresas e governos que desejam explorar o potencial das soluções blockchain como pagamentos internacionais mais baratos, direitos de propriedade mais claros e acesso mais amplo ao financiamento. Toda essa preocupação não é a toa.

Sete décadas depois da apresentação do *"Lyons Electronic Office I (LEO I*, o primeiro computador comercial do mundo)", muita coisa mudou. Os computadores não são mais os sistemas autônomos que eram há apenas 20 anos.

Hoje, seja incorporado em um smartphone, laptop, impressora de escritório ou carro, quase todos os computadores fazem parte de uma rede interconectada de dispositivos. E essa interconectividade tem um custo.

## O custo da interconectividade

O rápido crescimento do ambiente digital criou lacunas na conscientização sobre a segurança cibernética, tornando mais fácil para os agentes de ameaças, como estados-nações e cibercriminosos, explorar vulnerabilidades.

Contudo, importante mencionar aqui que a grande maioria das informações dos indivíduos é obtida pelos cibercriminosos através de hackeamento de empresas, e não por ataques a indivíduos isoladamente.

Inúmeras empresas internacionais colhem o máximo de informações possíveis sobre seus usuários para aumentar a eficácia de suas vendas.

Tais dados, contudo, não estão nem de longe devidamente protegidos, colocando milhões de clientes em sério risco.

## *O hack da "Coinmama"*

A corretora criptomoedas israelense *Coinmama* — que permite aos usuários comprar Bitcoin e Ethereum usando cartão de crédito — sofreu um hack e uma grande violação de dados que afetou 450 mil clientes - endereços de "email" e senhas. O incidente foi revelado em comunicado oficial de 15 de fevereiro.

O ataque foi parte de um grande hack ocorrido no ano passado que afetou 24 companhias — entre sites de *streaming*, jogos, reserva de viagens - e um total até agora de 747 milhões de registros.

Desde então, os dados estão sendo vendidos por quatro bitcoins (cerca de US $ 14.500) no Dream Market, um mercado da "Dark Web" onde os cibercriminosos vendem uma variedade de produtos ilegais, como dados de usuários, armas, malware e outros.

Naturalmente, o vazamento de dados não impactou somente a "*Coinmama*", mas também uma série de companhias "centralizadas" fora do setor de criptomoedas.

## *Exemplos de "hacks" recentes em empresas "centralizadas"*

Os dados abaixo, e outros inúmeros outros hacks, podem ser encontrados com mais detalhes no site "*Worlds Biggest Data Breaches & Hacks*" (http://tiny.cc/7ndobz ).

### *2018 | Marriot International hack*

500 milhões de hospedes tiveram seus dados pessoais roubados, por "hackers" que violaram seu sistema de reservas "Starwood".

### *2018 | Twitter hack*

Dados de 330 milhões de usuários foram comprometidos.

## 2018 | Facebook hack

87 milhões de perfis colhidos sem o consentimento de seus proprietários.

## 2017 | O ataque de ransomware WannaCry

Infectou mais de 230.000 computadores em mais de 150 países.

O malware "WannaCry", que atingiu sistemas de empresas e instituições governamentais no mundo inteiro (como FedEx, NHS, pex.) explorou uma vulnerabilidade pública conhecida e <u>amplamente divulgada pela Agência de Segurança Nacional americana (NSA), e com solução de upgrade já lançada pela Microsoft</u>.

Muitas pessoas associam este hack a criptomoedas, por causa do resgate exigido em bitcoins, mas importante notar que...

> *O meio de pagamento exigido pelos cibercriminosos do WannaCry **(bitcoin)** não tem relação alguma com o motivo*

> *pelo qual os computadores foram infectados.*
>
> *Todas as empresas hackeadas pelo "WannaCry" não atualizaram seus sistemas operacionais com uma solução de upgrade já lançada pela Microsoft e amplamente divulgada.*

Inclusive, a Microsoft está desenvolvendo uma ferramenta de identificação descentralizada, construída diretamente na blockchain bitcoin (Cuen, 2019).

## *2016 | LinkedIn hack*

164 milhões de "logins" e senhas roubados

## *2016 | Ciberataque à Rede Elétrica Ucraniana*

Deixou a maior parte do país da Ucrânia no escuro no final de dezembro 2016, abalando emocionalmente pessoas em todo o mundo com a real hipótese disto acontecer em seus respectivos países.

## 2015 | Ashley Madison hack

37 milhões de contas hackeadas e identidades de proprietários postadas online.

## 2014 | Hack do eBay

145 milhões de contas de usuários foram violadas.

## 2013 – 2016 | Yahoo! hack

Afetou mais de 1 bilhão de contas de usuários. Os hackers tiveram acesso à rede do Yahoo!, de agosto de 2013 a setembro de 2016, e puderam continuar usando as informações existentes até dezembro de 2016.

## 2013 | Target hack

Comprometeu 40.000.000 de cartões de crédito dos usuários desta empresa de varejo americana.

## 2012 | Global Payments hack

110 milhões de cartões de crédito comprometidos.

## 2011|PlayStation Network 2011 hack

77 milhões de detalhes de contato, logins e senhas roubadas.

# Existe falha de segurança em Blockchains?

Poucas organizações têm processos adequados para responder a um ataque cibernético.

Em pesquisa realizada pelo "*Ponemon Institute*", 53% dos entrevistados relataram que tinham sofrido uma violação de segurança cibernética nos últimos dois anos e que dados comerciais confidenciais e críticos haviam sido roubados.

No entanto, 66% dos entrevistados achavam que suas organizações não estavam adequadamente equipadas para se recuperar de ataques cibernéticos, com apenas 25% dos entrevistados indicando que suas respostas a incidentes foram aplicadas corretamente em toda a organização.

Portanto, a violação de dados que afetou os usuários da corretora israelense Coinmama não significa uma falha de segurança relacionada a criptomoedas ou ao Blockchain. Mas a uma falha de segurança operacional.

## *O Relatório Econômico do Congresso Americano*

No Relatório Econômico Conjunto de 2018, o Congresso Americano dedicou um capítulo completo à tecnologia Blockchain e às criptomoedas, reconhecendo Blockchain como uma tecnologia revolucionária, dentre outras qualidades, por sua segurança no compartilhamento e processamento de dados.

E em resposta ao estudo sobre segurança cibernética, o "*Joint Economic Committee Congress of the United States*" discute a tecnologia Blockchain com certa extensão e mostra que a tecnologia pode ser desenvolvida para ajudar a proteger transações e transmissões de informações. E afirma:

*Tatiana Revoredo*

*"(...) Blockchain tem o potencial de ajudar a economia a funcionar de forma mais eficiente e segura (...) fornecendo segurança cibernética e muitos outros benefícios potenciais".*

*"O potencial roubo de dados continua sendo um problema, mas não devido à estrutura do Blockchain. Não há evidência de alguém que viole o protocolo subjacente do Blockchain, (...)."*

*"A tecnologia apresenta desafios em evolução e gera novas soluções. A tecnologia Blockchain essencialmente armazena e transmite dados de forma segura, em grande volume e em altas velocidades.*

*"<u>Até agora, a tecnologia provou ser amplamente resistente a hackers</u> e, dado esse recurso, os*

> *desenvolvedores a aplicaram pela primeira vez em moedas digitais."*

## De onde vem a segurança?

Pode-se afirmar que a arquitetura blockchain é naturalmente segura, por utilizar criptografia para conferir às pessoas a propriedade de um "endereço" e os "ativos criptográficos" associados a ele, por meio de uma combinação de chaves públicas e privadas, composta de combinações de números e letras aleatórios. Isso resolve o problema do roubo de identidade roubada, pois os endereços não estão diretamente associados à identidade dos usuários, além de ser muito mais difícil de comprometer.

O que chamo de "esquadrão de defesa blockchain" é composto por:

criptografia

chaves públicas e privadas

descentralização da rede e

mecanismos de consenso (regras que permitem que dispositivos espalhados pelo mundo cheguem a um acordo, permitindo que uma rede blockchain funcione sem ser corrompida).

É dessa maneira que o blockchain oferece um maior nível de segurança, eliminando a necessidade de senhas e identidades online fracas e facilmente comprometidas.

## Blockchain é realmente imutável?

A imutabilidade perfeita não existe; O blockchain, como qualquer outra rede, é tecnicamente propenso a modificações.

Mas como os computadores, ou nós, em uma rede blockchain pública são distribuídos, o quebra-cabeça matemático e o poder de computação necessários para fazer alterações tornam a modificação quase impossível.

Para alterar uma rede pública, seria necessário assumir o controle de mais de 51% dos computadores na mesma rede distribuída e alterar todos os registros das transações em um curto espaço de tempo – em 10 minutos, no caso da blockchain Bitcoin. Até hoje, isso nunca aconteceu.

Nas blockchains privadas, como tem uma maior centralização, sua segurança não é tão robusta como uma blockchain pública.

## — **Privacidade**

### *Possível a privacidade em uma blockchain?*

No tocante à privacidade de dados, para responder à pergunta feita acima, é preciso antes entender como se dá a transmissão de dados em uma blockchain.

Relembrando, a blockchain registra transações em containers, chamados blocos, que são ligados de forma cronológica para formar uma linha contínua, uma cadeia de blocos.

Para ocorrer uma modificação nas informações já registradas em determinado bloco, não se apaga a informação anterior para incluir a nova.

Em vez disso, toda alteração de dados é armazenada em um novo bloco mostrando que X mudou para Y em uma data e hora específicas. Reforçando, a informação anterior não é apagada.

É verdade que as transações nas blockchains podem ser vistas em todos os nós da rede. Estes produzem *"metadados"* e análises estatísticas que podem revelar informações até mesmo de dados criptografados, permitindo o reconhecimento de padrões.

Como conciliar, então, a imutabilidade e o caráter distribuído de um blockchain com valores (dados pessoais e sensíveis, por exemplo) que precisam ser mantidos em sigilo?

## *O caráter imutável e distribuído das blockchains*

Essencial pontuar, aqui, alguns conceitos.

Não há somente uma plataforma aberta, nem um único blockchain onde qualquer pessoa possa consultar ou modificar informações, ou alterar o sistema como um todo.

O que existe são vários tipos de blockchains, classificados como públicas ou privadas, abertas ou fechadas, dependendo de como elas abordam seu modelo de segurança e ameaças. Podendo ser, ainda, permissionadas ou não permissionadas, com diversas estruturas e regras de governança possíveis de serem implementadas nas diversas plataformas existentes, que permitem a utilização desta tecnologia para as mais variadas finalidades, com aplicação aos mais variados públicos.

Enquanto blockchains públicas ou abertas são aqueles em que qualquer um pode se juntar à rede, blockchains privadas ou fechadas são aquelas em que apenas participantes pré-selecionados podem participar da rede.

Nas blockchains permissionadas, são entidades pré-selecionadas que conduzem o processo de consenso. Já nas blockchains não-permissionadas, qualquer pessoa pode participar do processo de consenso.

Ainda, os projetos de Blockchain podem ser agrupados em três categorias:

a) Sistemas especializados de blockchain projetados para processar essencialmente dados não pessoais, como conhecimentos de embarque, cartas de crédito ou certificados de diamantes;

b) Sistemas especializados de blockchain projetados para processar dados pessoais, como prova de identificação, ou mesmo dados pessoais sensíveis, como registros médicos;

c) Sistemas blockchain não especializados que podem ser usados para processar qualquer forma de dados.

## *Caminhos para conciliar dados pessoais ou sensíveis com blockchains*

Estamos no estágio inicial do desenvolvimento das estruturas blockchain, época similar ao que aconteceu nos primórdios da internet.

No início da rede mundial de computadores, a imensa maioria das pessoas a enxergava apenas como sala de bate papo, sem sequer imaginar os modelos de negócios que surgiriam posteriormente em função dela (Amazon, Netflix, Uber).

Sabendo disto, vejamos os caminhos que estão sendo construídos para preservar direitos e liberdades pessoais no processamento de dados em blockchains.

## Processar dados pessoais e sensíveis "off chain"

Dependendo do caso de uso específico da blockchain, pode não ser necessário armazenar todos os dados transacionais na própria blockchain.

Em vez disso, esses dados podem ser armazenados em um banco de dados fora da cadeia e apenas vinculados ao livro distribuído por meio de um hash, um processo que teria várias vantagens do ponto de vista da proteção de dados.

Onde os dados são classificados para classificar como dados pessoais, devem, sempre que possível, ser mantidos fora da cadeia e meramente vinculados ao livro razão por meio de um ponteiro de hash (Berberich, 2016).

Conquanto isso não mude sua natureza como dados pessoais, facilita o cumprimento dos requisitos "GDPR".

Recomenda-se que as blockchains contenham apenas os registros necessárias para acessar os dados pessoais, armazenados em um banco de dados a parte (Bacon, 2018).

Dessa maneira, seria possível limitar os dados pessoais ao armazenamento fora da cadeia e evitar o armazenamento desses dados na blockchain.

Claro que, apesar da possibilidade do armazenamento de dados transacionais fora da cadeia, tal não se aplica às chaves públicas.

Isto é, a armazenamento dos dados pessoais fora da cadeia possibilita o cumprimento do direito à retificação e o direito à exclusão previstos nas leis de proteção de dados, mediante o apagamento dos dados pessoais armazenados fora da cadeia (dados "off-chain").

No entanto, uma questão que tem sido muito debatida ultimamente diz respeito ao *hash* remanescente.

Se os dados "off-chain" serão vinculados à blockchain por meio de um "hash", e este *hash* permanece registrado na blockchain "para sempre", tal *hash* é considerado dado pessoal?

Para determinar se esse hash permanece como dados pessoais, é necessário examinar os meios razoavelmente prováveis de provocar identificação.

Contudo, estamos em uma época de transição e amadurecimento de muitas tecnologias e, portanto, de modo que ainda não há um consenso sobre como isso deve ser determinado. Falaremos mais sobre isso logo afrente, no tópico: "O caráter imutável e o direito ao esquecimento".

De todo modo, apesar de todo o debate, o armazenamento de dados sensíveis ou pessoais "off chain" (fora da rede blockchain) são uma ótima alternativa para conciliar Blockchains e leis de proteção de dados, e tem se tornando cada vez mais popular devido a suas vantagens:

— maior privacidade (as transferências não são visíveis no blockchain público)

— baixo custo (geralmente gratuitas, pois não há necessidade de intermediários para validar a transação) e

— velocidade (as transações são registradas imediatamente sem necessidade de confirmações na rede).

Outro ponto que merece destaque é que as transações "off-chain", ocorrem entre partes que confiam entre si (devido a uma relação contratual, por exemplo) e geralmente exigem intermediários (validadores de confiança).

Para aqueles que desejam se aprofundar no armazenamento off chain, recomenda-se assistir o vídeo *"On Chain X Off Chain Transactions"*, da QuickX.

## O uso de Side Chains

Ao contrário das *off-chain* (cujo armazenamento das informações sensíveis ocorre numa rede tradicional, fora do blockchain), uma "side chain" é uma blockchain paralelo. Ele fica ao lado da blockchain primária ou principal, atendendo a vários usuários. O grau de confidencialidade e privacidade nas transações que ocorrem em *side-chain* depende de qual tecnologia o *side-chain* utiliza.

Essas redes laterais são independentes, de modo que, se eles falharem ou forem hackeados, eles não danificarão outras redes.

Isto é, o dano fica restrito dentro dessa rede paralela.

Bem por isso, o uso de *side-chain* possibilitou versões experimentais de pré-lançamento de blockchains.

Uma outra alternativa que podemos citar para preservar direitos e liberdades pessoais diz respeito à escolha entre blockchains permissionadas e não permissionadas , eis que a escolha entre um ou outro tipo de blockchain tem influência direta sobre quem é o responsável por cumprir com os requisitos de privacidade.

Daí porque, sempre é aconselhável fazer uma análise prévia dos meios e propósitos do processamento antes de eleger a blockchain a ser utilizada, de modo a assegurar que as regras de privacidade sejam levadas em consideração.

## *O caráter imutável e o direito ao esquecimento*

De início, vale ressaltar que o direito ao esquecimento (ou o direito de apagar), previsto nas leis de proteção de dados, não confere um direito absoluto ao esquecimento.

Os indivíduos têm direito de apagar dados pessoais ou sensíveis e impedir seu processamento em circunstâncias específicas:

a) Quando os dados pessoais deixarem de ser necessários à finalidade para a qual foram originalmente recolhidos / processados.

b) Quando o indivíduo retirar o consentimento.

c) Quando o indivíduo se opuser ao processamento de seus dados e não houver legítimo interesse para continuar o processamento.

d) Os dados pessoais foram processados ilegalmente (ou seja, violando as leis de proteção e dados como o GDPR e a LGPD).

e) Os dados pessoais tiverem de ser apagados para cumprir uma obrigação legal.

f) Os dados pessoais processados relacionarem-se a uma criança.

Outro ponto a ser considerado é:

O direito ao esquecimento significa "realmente" deletar, apagar?

*Tatiana Revoredo*

O que compreende o termo "esquecer" ainda está aberto ao debate. Algumas autoridades de proteção de dados descobriram que a criptografia irreversível constitui um apagamento.

Claro que, dada a característica da imutabilidade, "apagar os dados" em um ambiente blockchain é tecnicamente impossível, porque o sistema é projetado para impedi-lo (Revoredo & Borges, 2018).

Outra questão interessante ao direito ao esquecimento, é: como garantir que todos os *nodes* apagarão sua versão local dos registros de transação?

Numa época de transição como a que vivemos, equivalente ao início da Internet, é perfeitamente natural que as perguntas não parem de surgir.

## *Quem seria o controlador de dados numa blockchain?*

Aqui, a maneira pela qual os dados pessoais são tratados, bem como o design de governança nas blockchains, devem ser examinados cuidadosamente caso a caso.

Isto porque, não há como determinar a identidade do controlador de maneira generalizada, em uma rede distribuída.

Explicando de outra maneira, há falta de consenso sobre quem deve ser considerado o controlador de uma determinada operação de processamento de dados habilitada em blockchain.

Tal se deve em parte aos diferentes entendimentos sobre o que é um blockchain, como ele é usado, mas também devido aos papéis exercidos por inúmeros atores, papeis estes que oscilam conforme os projetos técnicos e de governança (como quais protocolos de consenso são usados).

Como blockchains são projetadas para serem operadas por muitas partes diferentes, muitos atores influenciam a determinação dos meios de processamento.

Em relação às blockchains privadas e permissionadas, os meios de processamento geralmente são determinados pela entidade (como uma empresa específica) ou associação de entidades (como um consórcio).

Em relação às blockchains públicas e não-permissionadas, os acordos de governança influenciam as modalidades dos meios de processamento. Como regra geral, não existe uma única entidade legal que decida qual software, *hardware* e data centers usar. Em vez disso, essas decisões são tomadas por diversos atores.

Para ilustrar, em sistemas de prova de trabalho, os mineradores tomam a decisão de qual hardware (para mineração) e data centers (para mineração) usar, enquanto os desenvolvedores principais sugerem se, e em caso afirmativo, como o software deve ser atualizada a configuração da governança, mineradores, nós e / ou detentores de criptomoedas tomam uma decisão sobre qual software realmente implementar.

A humanidade passa por um momento de transição e de mudanças significativas na maneira como o mundo é hoje.

Desafiando velhos padrões e ideias que povoam nossa mente há séculos, a blockchain desafiará a governança e as maneiras centralizadas e controladas de realizar transações, sendo injusto defini-la apenas como um mero registro distribuído.

Tal representa apenas uma de suas muitas dimensões cuja amplitude e impacto, reguladores e empresas ainda não são capazes de qualificar e quantificar.

## *Porque atualizar blockchains é um grande desafio?*

Blockchains possuem regras e essas regras, em Blockchains Públicas, estão definidas no mecanismo de consenso.

Alterar tais regras requer que a maioria dos participantes da rede concordem com as modificações propostas.

*Em Blockchains como Bitcoin e Ethereum, por exemplo, para que mudanças sejam implementadas no mecanismo de consenso deve-se percorrer um longo caminho.*

Vejamos:

    1) A pessoa apresenta uma ideia, conversa com outras pessoas sobre ela e, depois

escreve uma proposta formal (por exemplo, um BIP, Proposta de Melhoria do Bitcoin).

2) A proposta é amplamente compartilhada nas listas de discussão de desenvolvedores e fóruns da comunidade, onde muitas equipes, desenvolvedores e entusiastas avaliam seu design.

3) Se a proposta é vista majoritariamente como uma boa ideia e pode ser implementada por ser compatível com versões anteriores, a comunidade de desenvolvedores começa a trabalhar na proposta (geralmente com planos para implementá-la junto com uma série de outras atualizações semelhantes).

4) Atualizações compatíveis com versões anteriores podem ser implementadas a conta gotas (como um "*soft fork*"[54]). Mudanças maiores que podem resultar em um "*hard fork*"[55] são vistas como último recurso.

5) Anunciada determinada data para o *update* (atualização), este deve possibilitar a todos tempo razoável para implementação e migração para a versão mais recente do software, momento no qual todos os novos recursos entram em ação.

# Capítulo 5 | Tokens e incentivos

*Os designs de incentivo e a "Tokenização" de ativos exercem papel fundamental, ao possibilitarem a criação de novos mercados, mais eficientes, velozes e a um custo quase zero, permitindo a volta da competição em mercados antes extremamente concentrados.*

## *Introdução*

Quando falamos sobre blockchains e os custos de transação, vimos que somente Blockchains públicas (não permissionadas) combinadas com um token nativo (design de incentivo) podem ser usadas para iniciar uma plataforma digital, sem a necessidade de um intermediário central.

Impulsionadas apenas pelos "design de incentivo" incorporados em seu protocolo, as plataformas "públicas" desfrutam dos benefícios de uma infraestrutura sem o principal custo normalmente existente – o poder de mercado.

É disto que trataremos neste capítulo: dos designs de incentivo.

## *Porque os tokens surgiram?*

No começo, tudo parecia apenas uma brincadeira.

Alguém conseguiu juntar décadas de pesquisa, valendo-se da maturidade de tecnologias de suporte como a criptografia, a internet, redes *peer-to-peer*, banda larga, para citar apenas algumas, criou a arquitetura da primeira criptomoeda, e colocou-a para funcionar em janeiro de 2009.

Alguém comprou duas pizzas com 10.000 bitcoins e... veja o que vale hoje.

Nakamoto escreveu um código um software, publicou-o na internet, propondo o seguinte:

> *Se você fornecer segurança a essa rede e ajudar essa rede a operar, você será recompensado.*

A lógica foi muito transparente, e foi escrita em linguagem de programação.

O avanço trazido pela primeira Blockchain não está apenas na ciência da computação... o "pulo do gato" está nos incentivos.

## *Como funciona a lógica dos tokens*

Independente do preço de mercado atual do Bitcoin, o importante é que pela primeira vez na história alguém escreveu um código e, dez anos depois, temos uma rede global que calcula números com o objetivo de realmente construir confiança através de uma plataforma, sem os validadores de confiança tradicionais.

As pessoas viram o modelo da Blockchain Bitcoin e começaram a levar isso para outro nível. E a lógica se resume em descobrir "como estimular as pessoas para obter o que se deseja?"

Pense em tokens como incentivos, e em como você pode usá-los para obter o que você precisa.

No caso da Blockchain Bitcoin, os incentivos são usados para obter a segurança da rede.

Em aplicações Blockchain como "_Filecoin_" ou "_Sia_", os incentivos são utilizados para estimular o armazenamento de dados.

Usa-se, portanto, tokens para atrair e recompensar os principais talentos, atrair investidores.

E, finalmente, deve-se utilizar incentivos para atrair usuários—pessoas que vão encontrar uso nestes novos serviços.

## Função dos incentivos

Ao reduzir o custo da rede, as blockchains públicas também possibilitam uma definição refinada dos direitos de propriedade digital, incluindo direitos sobre os dados subjacentes.

Quando uma solução blockchain reduz o custo da rede descentralizando o fornecimento de um serviço, surge um mercado para esse serviço.

Esse novo mercado atrai compradores (ávidos por um serviço atraente) e vendedores (dispostos a fornecer o que os compradores gostariam de comprar).

Nessa linha, um projeto blockchain, além de construir uma plataforma atrativa para ambos os lados do mercado (compradores e vendedores), pode "incentivar" os usuários iniciais a utilizarem sua rede, recompensando-os com tokens.

## O design de incentivo

### — O design de incentivo em um modelo "open source"

É necessário cuidado com o "*design* do incentivo" em um modelo Blockchain *open source (de código aberto)*, para que ele não fique aquém de seu objetivo.

As pessoas contribuem em projetos de "código aberto" porque têm incentivos pró-sociais ou porque gostam de trabalhar em problemas complexos.

É preciso observar, contudo, que quando o dinheiro começa a fluir através de uma rede *open source*, as pessoas podem mudar a forma como elas se comportam.

Logo, ao criar uma Blockchain "pública", é preciso projetar os incentivos de forma a manter os aspectos pró-sociais (sem sobrecarregá-los com incentivos monetários).

## — O papel dos "early adopters"

Os usuários são parte fundamental de qualquer ecossistema digital, principalmente a longo prazo.

E como, geralmente, eles já estão acostumados a usar determinado serviço ou plataforma, é necessário superar a inércia e a resistência ao novo, estimulando-os a migrar e a testar um novo ecossistema pela primeira vez.

Neste contexto, os primeiros adeptos (*early adopters*) podem desempenhar um papel fundamental na difusão de novas tecnologias.

São eles que aceleram a curva de difusão de uma nova plataforma, serviço ou produto.

Logo, se você recompensar os *early adopters* com *tokens*, e fizer isto da maneira correta (alinhando os incentivos para que eles tenham uma atuação nesse ecossistema), a contribuição deles garantirá um ecossistema muito mais robusto no longo prazo.

Pois bem, Blockchains nos levam a um avanço econômico, com o uso de tokens como ferramentas para criar mercados mais seguros e eficientes.

## *Token representa um ativo*

> *Os tokens são uma representação de um ativo ou utilitário em particular, que geralmente reside no topo de outra blockchain.*

Ao contrário de uma criptomoeda, um token foi inventado com um caso de uso específico em mente, enquanto uma criptomoeda é um método de pagamento geral para qualquer tipo de pagamento.

Para melhor compreensão, nada melhor que exemplos.

A Blockchain Ethereum foi construída para executar contratos inteligentes. A rede de mineradores, subjacente à *Ethereum* que está operando, precisa ser incentivada, razão pela qual o token ETH foi inventado e é usada para pagar pela execução de Contratos Inteligentes.

Se o usuário, por exemplo, realiza a transferência de um ativo, ele tem que pagar uma taxa em ETH. Esse token serve ao propósito de manter uma plataforma com suas operações.

Outro exemplo que se pode citar é um token representativo de uma casa na cidade de São Paulo. Este token representa digitalmente o ativo (imóvel) na plataforma blockchain. Se o aluguel for pago, ele será distribuído entre os portadores do token.

## O que é um token?

Token no contexto de uma Blockchain são unidades que representam algo.

Ao contrário de uma moeda, eles não servem apenas como troca e pagamento. Eles retratam um objeto, físico ou virtual, nesta unidade digital.

Um token, portanto, poderia representar uma casa (como mencionado acima). Neste caso, o emissor distribuiria, por exemplo 100 tokens onde um token representa o direito a um por cento da receita gerada por essa propriedade.

Como o termo token é muito usado genericamente, ele poderia literalmente representar tudo. Veja:

- Um token representando a participação em uma empresa.
- Um token representando ouro físico.
- Um token representando o direito de usar um serviço
- Um token representando a propriedade de arte ou música.

Tecnicamente falando, um token nada mais é do que uma unidade armazenada em uma blockchain.

# *Exemplo de tokens no Mercado de Commodities*

## *Atrelando ouro físico a um ativo digital*

A *The Royal Mint Gold* (RMG) mudará a forma como o ouro é negociado, executado e liquidado, transformando-o em token e tornando-o disponível para negociação com um ledger transparente de propriedade e custos mais baixos.

Em parceria com a Chicago Mercantile Exchange, (o principal e mais diversificado mercado de derivativos do mundo), a *The Royal Mint Gold* já construiu uma rede distribuída para registrar as mudanças na propriedade da *Royal Mint Gold* (RMG), que recebe ouro em cofre no *The Royal Mint* em *Llantrisant, South Wales*.

Esta rede é privada, o que significa que as pessoas precisam pedir permissão para participar, já que o *The Royal Mint* é o administrador da rede. Todas as transferências efetuadas na rede são publicadas no domínio público em um nível transacional, com todas as identidades criptografadas pelo Blockchain de RMG subjacente.

Agora, é possível possuir ouro físico, armazenado pelo *The Royal Mint*, e receber prova dessa propriedade como um ativo digital que é mantido em uma carteira digital.

Cada nova compra de ouro resulta na alocação do ouro da *London Good Delivery* em um cofre ao lado do crédito simultâneo do RMG para a conta RMG do comprador.

A CME está desenvolvendo uma plataforma de negociação digital de ativos, na qual os clientes podem negociar o RMG.

Os ativos digitais têm o potencial de transcender essa natureza segregada dos mercados tradicionais de commodities, como o mercado de ouro, permitindo que a mesma estrutura de propriedade (ouro físico digitalmente comercializado) seja compartilhada em toda a cadeia de valor, no espaço de investimento e na comunidade de gerenciamento de risco.

Essa inovação não ameaça diminuir a liquidez dos mercados existentes, mas aumenta o perfil da oportunidade de investimento para o ouro, reforçando o argumento em favor da propriedade física e segura do ouro em um mercado digital eficiente, proporcionando transparência e procedência.

Com uma solução Blockchain, o RMG consegue reduzir o custo da rede. Podemos definir o custo da rede como a capacidade de iniciar e operar um mercado digital sem a necessidade de um intermediário tradicional. Ou seja, a posse física de ouro através dos tokens de criptomoedas Blockchain permite remover intermediários desnecessários no processo.

Além disso, o mercado de ouro hoje é um mercado muito manual. Assim, uma solução Blockchain reduziria os custos friccionais e transacionais no mercado de commodities e levaria a uma maior liquidez e descoberta de preços.

Por exemplo, os negócios na nova plataforma seriam feitos entre os investidores, sem uma corretora intermediando, conhecida como negociação "no balcão".

No entanto, o permitir transações quase em tempo real, a Blockchain diminuiria o papel das câmaras de compensação e eliminaria em grande parte os riscos.

Os principais efeitos de uma redução no custo da rede seriam: 1) o aumento no valor dos ativos, 2) um aumento na liquidez dos ativos.

## *Novos mercados, novos negócios a vista*

Como resultado da tokenização no mercado de commodities, a natureza da intermediação pode mudar no futuro.

Isso porque o desenvolvimento de uma rede por uma empresa que possui seu próprio sistema de pagamento para garantir empréstimos, bem como lucrar com a posse do ouro, permite criar um novo mercado descentralizado no espaço Blockchain.

Blockchains estão trazendo transformações extremamente benéficas à sociedade, com o surgimento de novos modelos de negócios e a criação de plataformas sem o seu maior custo atual—o custo de rede.

Neste cenário, os designs de incentivo e a tokenização de ativos exercem papel fundamental, ao possibilitarem a criação de novos mercados, mais eficientes, velozes e a um custo quase zero, permitindo a volta da competição em mercados antes extremamente concentrados.

# Capítulo 6 | Contratos Inteligentes

*"Smart Contracts go beyond the vending machine in proposing to embed contracts in all sorts of property that is valuable and controlled by digital means" (Szabo, 1997)*

## *Introdução*

Como blockchains armazenam dados invioláveis e transparentes, a tecnologia está sendo usada para além do que simplesmente manter registros de transações em criptoativos.

De fato, blockchains permitem a transação de outras formas de informação e valor. Os protocolos baseados em blockchain possibilitaram uma tecnologia adicional para processar "pequenos códigos de computador" – o que os tecnólogos denominaram de "contratos inteligentes"[56].

Você realizaria uma transação comercial com alguém com quem você nunca conheceu e, portanto, não conhece e não confia?

Você se tornaria um investidor de uma pequena empresa em um país estrangeiro?

Você concordaria em emprestar dinheiro para um estranho, como um fazendeiro na Bolívia, um professor em Singapura ou um ferroviário no Reino Unido?

A resposta em todos os casos mencionados é provavelmente não, já que o custo de estabelecer o contrato legal necessário para garantir sua transação é muito alto.

Firmar ou liquidar um contrato nessas situações, usando um intermediário (um validador de confiança tradicional) requer o pagamento de "taxas substanciais".

Isso sem falar da "velocidade" que as transações comerciais adquiriram com o advento da Internet e o surgimento da Economia Digital, ou como preferem alguns, Economia da Web (um novo modo de se fazer negócios que utiliza informação e tecnologia como facilitadores da comunicação, transferência de dados e transações comerciais).

Nesse passo, a essência da Economia da Web são modelos de negócios em Rede (como Amazon, eBay, Uber, Apple, dentre outros), que demandam uma solução para a alta velocidade das transações comerciais na internet, e os altos custos envolvidos para formalizar uma relação entre pessoas, instituições e ativos num mundo hiperconectado e globalizado.

Contratos inteligentes trazem uma solução para estes problemas. Eles podem formalizar relações comerciais na Internet, inteiramente peer-to-peer, sem a necessidade de intermediários confiáveis.

Aqui, importante pontuar que, embora o conceito de contratos inteligentes não seja novidade, a tecnologia blockchain parece ser o catalizador para sua implementação.

## *Breve noção*

Pode-se dizer que os primeiros contratos inteligentes, de uma forma bem rudimentar, correspondem a uma máquina de venda automática (Szabo, 1997). Isto é, as regras de uma transação são programadas em uma máquina. Você seleciona um produto pressionando um número relacionado a esse produto.

Se você inserir mais dinheiro do que o preço do produto, a máquina de venda automática também ejetará seu troco.

Também, se você não inserir dinheiro suficiente, não receberá o produto desejado. Da mesma forma, se a máquina ficar sem dinheiro, você não receberá troco.

Note que além dessas máquinas automáticas reduzirem custos de mão-de-obra, oferecem disponibilidade 24 horas por dia e 7 dias por semana, em vez que estarem atreladas ao horário comercial.

## *Blockchain Bitcoin possui contratos inteligentes*

A Blockchain Bitcoin também possui smart contracts, como já mencionado nos capítulos anteriores. Ela possui uma linguagem de *script completa não-Turing*.

Os contratos inteligentes podem ser criados na Blockchain Bitcoin, mas são limitados a operações aritméticas, lógicas e criptográficas básicas (por exemplo, *hashing* e verificação de uma assinatura).

## *Ethereum possibilitou smart contracts mais sofisticados*

A primeira blockchain a permitir a criação e a implantação de contratos inteligentes "mais sofisticados" foi a Blockchain Ethereum.[57]

Anunciada em fevereiro de 2014 e lançada aproximadamente um ano e meio depois, a Ethereum implementa uma blockchain e uma plataforma de computação descentralizada (a *Ethereum Virtual Machine*), que processa uma linguagem de programação Turing-completa.

Usando Ethereum, qualquer pessoa pode escrever, armazenar e executar pequenos programas de computador através de uma rede baseada em blockchain.

Esses programas de computador são executados por várias partes na rede Ethereum e, portanto, têm a capacidade de operar de forma autônoma e independente do controle de qualquer indivíduo (BUTERIN, 2014).

## *Cláusulas contratuais em pequenos trechos de código?*

Blockchains mais atuais permitiram, então, que pequenos trechos de código fossem implantados diretamente na blockchain e, com isso, sendo executados de forma descentralizada por todos os nós da rede. Estes são comumente referidos como contratos inteligentes, na medida em que permitem que as pessoas entrem em um relacionamento contratual com as outras (ou máquinas) através de uma simples transação no blockchain.

A expressão "smart contracts" (contratos inteligentes, em português) foi cunhada por Nick Szabo [58] nos anos noventa, para enfatizar o objetivo de trazer práticas mais evoluídas para protocolos de comércio eletrônico na internet. Szabo imaginou a transposição de contratos em código para que eles pudessem ser "*trustless*" e auto executáveis, aumentando assim a eficiência e, por conseguinte, removendo a ambiguidade das relações contratuais tradicionais. Além do aumento de velocidade e eficiência, um benefício importante dos contratos inteligentes em relação aos contratos tradicionais é a falta de ambiguidade textual, já que suas disposições são escritas em uma linguagem formal que deve ser entendida por uma máquina.

## O que são Smart Contracts, afinal?

Os contratos inteligentes visam emular a lógica das cláusulas contratuais.

São programas de computador que facilitam a negociação, verificam e impõem o cumprimento de um contrato, ou que podem até mesmo evitar a necessidade de um acordo contratual subjacente entre as partes.

### Códigos de software com regras auto executáveis

Um contrato inteligente é um contrato auto executável embutido em código de computador gerenciado por uma blockchain.

Se e quando as regras predefinidas forem atendidas, o contrato será aplicado automaticamente.

### Maneira pública e verificável de incorporar regras de governança e lógica de negócios em linhas de código

Contratos inteligentes fornecem mecanismos para gerenciar com eficiência ativos, tokens e direitos de acesso entre duas ou mais partes.

Imagine uma caixa criptografada que desbloqueia valor ou direito de acesso se, e quando, determinadas condições pré-estabelecidas são cumpridas.

Tais valores e direitos de acesso são armazenados em uma blockchain, que os protegem contra exclusão, adulteração e fraude.

Contratos inteligentes são um instrumento público e aditável de incorporar regras de governança e lógica de negócios através de códigos de software, impostas por consenso majoritário em uma rede descentralizada e sem intermediários.

## *A infelicidade do termo*

O termo "contratos inteligentes" em si é um pouco infeliz, pois os contratos inteligentes não são particularmente inteligentes nem devem ser confundidos com um contrato legal:

Primeiro, um contrato inteligente só pode ser tão inteligente quanto as pessoas que o codificam, levando em consideração todas as informações disponíveis no momento da codificação.

## *Contratos inteligentes vs. Contratos legais*

Em segundo lugar, conquanto contratos inteligentes possam ter o potencial de impor contratos legais se determinadas condições forem atendidas, primeiro precisamos resolver muitas questões técnico-legais que exigirão tempo e debates interdisciplinares entre advogados e desenvolvedores de software.

## *Ferramenta para reduzir custos*

De fato, esses códigos de software com regras auto executáveis são capazes de executar automaticamente os termos de um contrato específico, fornecendo transações sem um terceiro validador de confiança, por meio de mecanismos integrados de execução.

Como tal, os *smart contracts* podem apoiar o desempenho dos contratos, reduzindo os custos de negociação, verificação e execução, transformando obrigações legais em transações auto executáveis.

Se implementados corretamente, os contratos inteligentes poderiam fornecer segurança de transação superior à lei tradicional de contratos, reduzindo assim os custos de coordenação de auditoria e execução de tais contratos.

Eles permitem a rastreabilidade do desempenho de contrato em tempo real e, portanto, podem economizar custos, proporcionando mais transparência, responsabilidade e menos burocracia, eis que a conformidade e o controle acontecem na hora.

## *Contratos inteligentes em blockchain são sofisticados*

Quando contratos inteligentes são implementados em uma blockchain, sua execução não é executada em um servidor central, mas sim distribuída entre a rede de nós.

Os contratos inteligentes baseados em blockchain são, portanto, mais sofisticados que os meios tradicionais de regulamentação tecnológica, pois se qualificam como código de *software* de computador, que é autônomo, pois não depende de nenhum terceiro para operar e é independente, pois não pode ser controlado por terceiros ou qualquer pessoa.

## *Interação com humanos ou outros contratos inteligentes*

Contratos inteligentes podem interagir com humanos e outros contratos inteligentes dentro do mesmo ecossistema blockchain (por exemplo, Ethereum).

Em alguns casos, um conjunto complexo de contratos inteligentes é configurado de forma a possibilitar que várias partes (pessoas jurídicas ou pessoa físicas) interajam entre si.

Essa combinação de contratos inteligentes pode ser considerada como uma Organização Autônoma Distribuída (DAO), que abordaremos no final deste capitulo.

## *Seu uso*

De um lado, têm sido usados para transações simples, onde as partes estão confiando inteiramente em contratos inteligentes para modelar relacionamentos comerciais sem o uso de uma norma legal. Um contrato inteligente e seus dados correspondentes são armazenados em uma blockchain, onde o código de computador governa relações comerciais inteiras, incluindo obrigações de pagamento, transferências de ativos e os termos e condições de um acordo.

Por outro lado, contratos inteligentes estão sendo usados para memorizar uma parte do contrato legal quanto a uma das partes, com um *smart contract* ajudando em uma ou mais obrigações de desempenho sobre direitos contratuais básicos, obrigações e condições – como representações e garantias e escolha de leis e disposições de resolução de disputas.

Esses acordos "híbridos" combinam a regra legal tradicional – escrita em uma linguagem natural como o inglês – com regras de programação escritas em código.

O contrato por escrito faz referência e incorpora um contrato inteligente e contextualiza como o programa se encaixa em um acordo contratual legal mais amplo.

Ao contrário dos agentes tradicionais, os contratos inteligentes operam de forma autônoma através de um padrão.

Diversas partes em uma rede baseada em blockchain executam o código de contrato inteligente em virtude de sua natureza distribuída, de modo que as partes que dependem do contrato inteligente não têm a capacidade de suspender a execução do contrato inteligente, a menos que seja previsto no código subjacente.

Além disso, como os *smart contracts* são escritos em código de computador, podem ser projetados para serem mais dinâmicos do que a norma legal tradicional e podem ser construídos para ajustar as obrigações de desempenho durante a vigência de um contrato usando um Oráculo (Liu, 2014).

Os oráculos podem ser indivíduos ou programas que armazenam e transmitem informações do mundo exterior (físico), fornecendo, assim, um meio para os sistemas baseados em blockchain interagirem com pessoas do mundo real e potencialmente reagirem aos eventos externos (Buterin, 2014).

De muitas maneiras, os acordos legais que dependem de *smart contracts* não são diferentes dos contratos legais.

Se as partes optarem por contar com um *smart contract* para fins de relacionamento comercial, elas devem primeiro negociar os termos de seu contrato e, idealmente, chegar a um "acordo"(Choi, 2006).

Uma vez que um acordo é alcançado, as partes reduzem sua compreensão a um texto, optando por depender exclusivamente de um contrato inteligente ou elaborar um contrato híbrido.

No caso de uma disputa, as partes renegociarão o acordo subjacente ou buscarão reparação de um tribunal ou de árbitro para reverter os efeitos de um *smart contract*.

É claro que, mesmo que seja sempre possível percorrer os sistemas jurídicos tradicionais para buscar reparação, os efeitos de contratos inteligentes poderiam, em algumas situações, ser difíceis de reverter totalmente. Por exemplo, nos casos em que os fundos das partes estão presos em um depósito automatizado.

Os acordos legais tradicionais e os acordos que dependem de *smart contracts* diferem na forma como os contratos inteligentes lidam com a execução das obrigações acordadas.

Nos contratos que dependem apenas de disposições legais, cada parte do contrato é responsável por cumprir suas obrigações contratuais, além de poder optar por interromper sua execução a qualquer momento (e, se necessário, enfrentar as consequências legais de uma violação).

Nos acordos que dependem de *smart contracts*, as obrigações de desempenho são memorizadas em código usando uma linguagem de programação formal e rigorosa e executadas por membros de uma rede baseada em blockchain.

Logo, uma vez que um contrato inteligente é acionado por meio de uma transação por uma das partes, o contrato inteligente atua como agente dessas, contratado para auxiliá-las em seu acordo (Filippi, 2016).

Por fim, diante do fato de que os contratos inteligentes são escritos em código, eles também têm o potencial de serem mais precisos, o que possibilita que sejam agrupados ao longo do tempo para formar bibliotecas de software modulares e que, com isso, melhoram a eficiência da criação e da execução de contratos legais.

De fato, os contratos inteligentes podem até mesmo ser testados antes da execução para evitar possíveis contratempos no código e confirmar a intenção de cada parte.

Veja o *Mintchalk*, uma ferramenta teste de Smart Contract na Blockchain Ethereum, disponível em: http://www.mintchalk.com.

E como exemplo de utilização dessa ferramenta, veja um contrato inteligente que simula a mecânica de uma campanha de financiamento coletivo em [59] linhas de Código, disponível em: http://www.mintchalk.com/c/68f3e .

# O cumprimento legal de um smart contract

Embora o uso de contratos inteligentes no contexto de acordos legais possa fornecer às partes certas vantagens, o uso desse código não funcionará em uma lacuna legal. A implantação de contratos inteligentes em ambientes comerciais levará inevitavelmente a disputas. Por exemplo, se o código do contrato inteligente é falho, incorpora uma previsão mal elaborada, ou executa de uma forma não pretendida por uma das partes, as partes provavelmente buscarão o sistema legal para resolver a disputa contratual. Bem por isso, pontuar se *smart contracts* podem formar um contrato juridicamente vinculativo é essencial.

Vale mencionar que, dada a novidade da tecnologia, a questão da aplicabilidade do código de *smart contracts* ainda não foi examinada pela maioria dos tribunais dos Estados-nação.

## *Contratos inteligentes são acionáveis no mundo real?*

O foco atual da comunidade blockchain está principalmente em incrementar a eficiência e a otimização dos *smart contracts*, com o objetivo de fornecer um nível de segurança superior ao direito contratual tradicional e reduzir outros custos de transação associados à contratação (CARDOSO BLOCKCHAIN PROJECT, 2018).

Muitos tem sugerido que estruturas blockchain podem nos levar a uma sociedade em que regras auto executáveis suplantariam as leis tradicionais. Conquanto a utilização de contratos inteligentes soe cada vez mais atraente, é importante questionar se contratos inteligentes são de sempre convenientes no mundo real.

Embora *smart contracts* possam ser considerados, em sua essência, como um contrato escrito redigido em uma linguagem de computador, não está claro – até agora – se o código de computador é "legalmente obrigatório" para as partes que acordam através de *smart contracts*.

# *A governança legal automatizada*

A natureza descentralizada da blockchain e os atributos resultantes do código de contrato inteligente (que podem ser usados para criar

DAOs autônomos, autossuficientes e potencialmente infinitos) levantam novas questões importantes em termos de responsabilidade legal e regulabilidade.

Assim como a lei não pode impedir que um vírus biológico se espalhe, também não pode desligar agentes de software autônomos simplesmente ordenando-os a fazê-lo.

A perspectiva de governança legal automatizada é algo que deve, no mínimo, ser examinado com grande cautela, pois pode estar abrindo novos cenários, cujas consequências simplesmente não podemos prever. Ao automatizar a aplicação da lei, talvez possamos ganhar em eficiência e transparência, mas poderemos eventualmente reduzir também as liberdades e a autonomia dos indivíduos.

## *A segurança de um contrato inteligente*

A segurança de contrato inteligente ainda é um problema que precisa ser resolvido em um nível técnico. Também precisaremos ser capazes de implementar cláusulas contratuais mais sofisticadas, incluindo ferramentas descentralizadas de solução de controvérsias.

Embora tais programas de software possam levar mais tempo para amadurecer, algumas soluções interessantes de resolução de disputas já estão em desenvolvimento, como por exemplo, "kleros", "Openlaw" ou "Jur", (este último analisado mais afrente).

É provável que no futuro veremos a fusão de contratos legais e contratos inteligentes, à medida que a tecnologia se torna mais madura e difundida, e conforme padrões legais sejam adotados.

Atualmente, contudo, ainda não temos as melhores práticas, e provavelmente precisaremos de algum tempo de maturação e uma fase de aprendizado coletivo.

## *Onde smart contracts são utilizados?*

Contratos inteligentes podem ser usados para transações econômicas simples, como enviar dinheiro de A para B.

Também, podem ser usados para registrar qualquer tipo de propriedade e direitos de propriedade, como registros de terras e propriedade intelectual, ou gerenciar o controle de acesso inteligente para a economia compartilhada.

Já é possível encontrar casos de uso em bancos, seguros, energia, governo, telecomunicações, música, arte, mobilidade, educação, e outros.

Contratos inteligentes podem ser implementados em todos os processos que envolvam tarefas e pagamentos, com um registro e uma assinatura digital que podem ser identificados, validados, armazenados e compartilhados.

Como exemplos de caso de uso simples, podemos mencionar o registro de patentes, de títulos de terra, certidões de nascimento e diplomas escolares.

Todavia, apesar dos exemplos acima serem fáceis de implementar em um nível técnico, eis que exigem apenas registros de data e hora, sob o aspecto regulatório pode haver certa complexidade e resistência cultural.

De outro lado, contratos inteligentes também podem ser utilizados em casos de uso mais complexos, com uma multiplicidade de atores e jurisdições, como em uma cadeia de suprimentos de bens ou serviços globalizada.

Outro exemplo seria um contrato inteligente projetado para permitir que carros pagassem suas próprias contas ao abastecerem-se no posto de gasolina ou recarregarem em um poste de troca elétrico.

Ainda, imagine a hipótese de uso em uma floresta autogerida, como na extração e venda de árvores de uma floresta. Drones e satélites podem monitorar o crescimento das árvores e desencadear eventos no contrato inteligente, como acordos de subcontratação para registrar a venda de madeira dessa floresta.

Organizações Autônomas Descentralizadas (DAOs) são provavelmente o exemplo que representa os contratos inteligentes mais complexos.

Nas DAOs, seus estatutos, as regras de procedimento e seu gerenciamento operacional cotidiano são substituídos por um código que se auto executa.

## DAOs – Organizações Autônomas Descentralizadas

Os contratos inteligentes por meio deste documento formalizam as regras de governança – os estatutos, os estatutos reguladores, as regras de procedimento ou os artigos de associação de uma organização – e substituem o gerenciamento operacional cotidiano por um código que se auto executa.

Uma DAO é uma organização autogovernada controlada única e exclusivamente por um conjunto de regras incorruptíveis.

Considerar "organização" como uma entidade que compreende várias pessoas (ou *smart contracts*) com um objetivo específico, e não uma organização legalmente registrada.

Um indivíduo pode decidir transacionar com o DAO para, por exemplo, receber o pagamento em troca de um serviço.

O uso de criptomoedas como o Bitcoin facilita significativamente a transferência de moeda por essas peças de software, ou seja, contratos inteligentes.

Assim, uma DAO poderia, na prática, contratar pessoas ou contratos inteligentes para realizar tarefas específicas, e poderia potencialmente vender seus próprios serviços (ou recursos) para terceiros.

Muitos intermediários tradicionais, como advogados, corretores e banqueiros, ou administradores públicos, e plataformas da Internet podem não ser mais necessários, ou pelo menos parte de sua função de utilidade pode se tornar obsoleta.

DAOs operam graças à todos os nós da rede; não dependem de nenhum servidor central e, portanto, não podem ser desligados (a menos que eles possuam uma chave *kill* explícita).

As DAOs são autônomas, na medida em que não precisam (nem prestam atenção) ao seu criador original e são autossuficientes, na medida em que podem cobrar dos usuários seus próprios serviços (ou ativos) para pagar pelos serviços que prestam.

DAOs (e contratos inteligentes de forma mais geral) interagem com o mundo físico por meio de interfaces ou sensores (chamados Oráculos) que registram informações do mundo externo na blockchain.

Estas são especificamente relevantes no contexto da Internet das Coisas (IoT, *Internet of Things*), feita de dispositivos conectados que constituem a interface entre o mundo físico e digital.

Qualquer dispositivo conectado à Internet (ou a uma rede local) pode se transformar em "propriedade inteligente" na medida em que pode ler o estado de uma blockchain e reagir às mudanças ao longo do tempo (por exemplo, um "carro inteligente" que só liga se o driver possui um token criptográfico válido).

Com o surgimento de dispositivos habilitados para blockchain, capazes de interagir uns com os outros, e com outros contratos inteligentes ou DAOs na blockchain, a Internet das Coisas pode aumentar seus efeitos potenciais no mundo físico.

Isso poderia levar ao surgimento de ecossistemas complexos de dispositivos inteligentes, com humanos e DAOs interagindo uns com os outros, muitas vezes com consequências imprevisíveis.

## *Smart Contracts na economia de compartilhamento*

Os contratos inteligentes podem fornecer uma camada de liquidação nativa para a economia de compartilhamento, que atualmente está sendo intermediada e processada por operadores de plataformas de Internet.

Como veremos na Parte IV deste livro, Blockchain e seu papel na Evolução da Internet, as atuais plataformas de Internet baseadas na Web2 discriminam entre os participantes da rede e os proprietários da rede.

Os operadores da plataforma de Internet (proprietários da rede), então, extraem o aluguel na forma de taxas e / ou dados dos usuários (participantes da rede).

Na Web3, os contratos inteligentes podem permitir ecossistemas tokenizados, nos quais não há aluguel para os usuários. Um exemplo disso seria o "Steemit".

O "Steemit" é uma rede social descentralizada que incentiva as contribuições dos usuários com tokens de rede.

# *Exemplos de Smart Contracts*

## *Locação de veículos elétricos*

*Share & Charge*

Slock.It é uma solução de smart contracts baseada em blockchain que está mudando a maneira como a economia de compartilhamento funciona.

Empresas têm usado o Slock.It para automatizar o compartilhamento, pagamentos e aluguéis.

Seu trabalho mais recente com o *Share & Charge* é um ótimo exemplo de como o *Slock.It* funciona.

O *Share & Charge* usa sua tecnologia de contrato inteligente para automatizar o processo de pagamento de aluguel de estações de recarga de veículos elétricos.

Ele também está desenvolvendo uma *Universal Sharing Network* (USN), que será uma rede de código aberto na qual os módulos de aplicativo blockchain podem ser implantados.

Quando concluído, facilitará o compartilhamento, permitindo que terceiros adicionem qualquer objeto (serviço, produto, etc.) à rede.

Uma vez concluído, o processo é simples para os usuários. Segundo explica o próprio site deles:

– Abra o aplicativo> selecione LOCALIZAR OBJETO> PAGAR> USAR

Use apenas uma chave (seu smartphone) para tudo

Não há necessidade de se registrar ou fazer login para o serviço.

## Compra e venda de Imóveis

### Propy

A compra e venda de imóveis é um caso de uso muito discutido para contratos inteligentes e a Propy é uma das primeiras empresas a realmente fazer isso acontecer.

Eles tiveram sua primeira transação em setembro de 2017, quando alguém comprou um apartamento de US$ 60.000 na Ucrânia.

Esse mercado imobiliário "transfronteiriço" permite que os proprietários e corretores listem propriedades, onde os compradores também podem pesquisar e negociar a venda.

Ambas as partes participam do contrato inteligente em conjunto e são tomadas medidas específicas ao longo do processo para garantir um jogo justo e regulamentado.

Por exemplo, um comprador interessado pode reservar uma propriedade pagando US $ 5K para a empresa de custódia que a detém atualmente – graças aos termos do contrato inteligente, o comprador receberá o dinheiro de volta se o vendedor se recusar a vender a propriedade.

Todos os documentos e assinaturas são facilitados remotamente, através do aplicativo, facilitando a compra e venda de imóveis, independentemente de onde você mora.

Outros atores, como empresas licenciadas de remessas de dinheiro, estão envolvidos para legitimar o processo e verificar as transações.

Os títulos de propriedade imobiliária ainda são enviados através das autoridades locais, assegurando que cada parte do processo siga o protocolo necessário e legal.

## *Indústria de Seguros*

### *CAIPY*

Em primeiro lugar, os contratos inteligentes blockchain em seguros podem ser um remédio para os desafios do setor.

Sobrecarregados de incertezas e hesitações, o que a indústria de seguros mais carece é a confiança das pessoas.

Embora os clientes acreditem que o objetivo final de uma seguradora é pagar o mínimo possível, as seguradoras também têm suas próprias dificuldades. Os segurados muitas vezes trapaceiam e fazem falsas alegações para receber pagamentos.

Portanto, a falta de confiança é realmente uma questão mútua.

Os contratos inteligentes baseados em blockchain na indústria de seguros podem restabelecer a confiança e tornar os intermediários obsoletos.

Algoritmos de software dentro do código de contrato inteligente podem remover barreiras administrativas, predeterminar todos os cenários de pagamento de seguro e executar automaticamente os termos do contrato, não deixando espaço para manipulação em nenhum dos lados.

Contratos inteligentes Blockchain no seguro podem reduzir significativamente a fraude.

Interrupções tecnológicas estão levando todas as seguradoras a agir e descobrir como fazer com que os contratos inteligentes funcionem para elas. Os benefícios de usar contratos inteligentes no setor de seguros são substanciais.

*Menos fraude através da transparência.*

Esta vantagem particular dos contratos inteligentes em seguros é possível devido à natureza descentralizada e aberta das blockchains. Sem dono, qualquer um pode ver qualquer transação registrada em um banco de dados blockchain. Se forem feitas alterações em um contrato inteligente, todas as partes o verão e nenhuma inconsistência será perdida.

*Automação de tarefas.*

Com blockchain, todos os processos relacionados a contratos inteligentes são automatizados e renderizados com segurança. Eliminar a necessidade de mediadores e insumos humanos é o principal benefício do uso de contratos inteligentes em seguros. Isso diminui o risco de manipulação por parte de terceiros. Além disso, ao criar um contrato inteligente, as seguradoras podem rever procedimentos e processos de uma forma mais transparente e conveniente.

*Economia de tempo na verificação de solicitações.*

Os contratos inteligentes Blockchain no seguro substituem completamente o processo de sinistros. Nenhum outro documento é necessário: apenas regras predefinidas para resolver reclamações. Processos mais rápidos, maior eficiência e custos mais baixos – nada além de benefícios para as seguradoras.

*Avaliação de risco.*

Os blockchains permitem que as seguradoras incluam modelos de avaliação de risco de última geração em seus contratos inteligentes. Essa lógica depende de um sistema de identificação baseado em blockchain.

É neste contexto que surge o CAIPY.

CAIPY, é uma solução de contratos inteligentes baseados em blockchain para seguro de carro baseada em Ethereum que conta com sensores resistentes a adulterações.

Sistemas públicos de blockchain, como o Ethereum, fornecem um livro de registro imutável que permite processos transparentes entre partes mutuamente desconfiadas.

Além disso, os tokens digitais da plataforma blockchain Ethereum são amplamente aceitas e podem ser usadas para reembolsar automaticamente os clientes com baixos custos indiretos.

O design do CAIPY tira proveito dessas propriedades e consiste em contratos inteligentes que realizam um registro confiável de eventos relacionados ao seguro de carro, por exemplo, falhas ou outras funções defeituosas do componente, bem como o status atual de qualquer solicitação do cliente.

O CAIPY se beneficia da detecção automatizada de danos com base em sensores resistentes ao calor, a fim de reduzir os custos de processamento das solicitações de seguro.

Os IDs são instantaneamente verificados e complementados com novos dados, eliminando os estágios demorados da verificação de identidade tradicional.

Um contrato inteligente lê todas as informações relacionadas a um indivíduo e avalia automaticamente os riscos, economizando tempo e esforço na coleta e verificação de dados.

## *Procedimentos de Arbitragem*

### *JUR*

Como vimos ao longo deste capítulo, contratos inteligentes podem formalizar relações comerciais na Internet automatizando a confiança, com velocidade, eficiência e redução de custos.

É neste cenário que surge o Jur, um ecossistema que se destina a cobrir todo o ciclo de vida de uma transação comercial, desde a criação de contratos até a resolução de disputas.

Pensando em otimizar negócios e transações, bem como na redução de tempo e custos para as partes, a plataforma Jur simplifica sistemas de resolução de disputas através da automação obtida por contratos inteligentes.

Com um procedimento de arbitragem de acordo com a Convenção de Nova York e os princípios da *the UNCITRAL Model Law*, Jur fornece um mecanismo juridicamente vinculante, cujas decisões serão executáveis perante os tribunais nacionais.

Dessa forma, colocando tudo online, a solução blockchain Jur traz inúmeras vantagens:

- *Completa automatização – através de um processo de arbitragem realizado totalmente pela Internet;*
- *Economia de tempo – as partes e os árbitros não precisam se deslocar de seus respectivos escritórios e países;*

- *Redução de custos – eliminando despesas de viagem e .*
- *Alcance: O sistema foi projetado para ser globalmente acessível e legalmente vinculante e válido, em mais de 150 países em todo o mundo.*

Apoiado pela tecnologia blockchain, "the Court Layer" do Jur fornece um procedimento de arbitragem digitalizado, que pode ser adotado por câmaras de arbitragem ou outras entidades que desejam estabelecer centros de arbitragem. Consiste em um meio de digitalizar os tributais arbitrais.

O <u>*"the Court Layer"*</u> é alimentado pelo token JUR, assim como todo o ecossistema Jur.

A escolha do árbitro (ou dos três árbitros), por sua vez, é feita aleatoriamente, com o uso de um algoritmo baseado em blockchain, que permite às partes auditar a seleção e verificar se ela aconteceu de forma aleatória sem a possível intervenção de terceiros. O que é bem interessante, pois traz transparência e imparcialidade ao procedimento.

De outro lado, a plataforma Jur também pensou na lisura de seu sistema, mostrando-se uma plataforma antifraude, eis que a resiliência fornecida pelo blockchain garante de que ninguém possa alterar as informações sobre o processo que é armazenado junto com um "hash" para confirmação.

Há, ainda, um mecanismo de revisão descentralizada é implementado, realizado por arbitradores selecionados aleatoriamente de outros Polos de Arbitragem para avaliar os rascunhos provisórios do laudo de arbitragem antes de se tornarem sentenças finais e vinculantes. Esse mecanismo de revisão descentralizada fornece um mecanismo objetivo de classificação / reputação que avalia a qualidade dos julgamentos e cria uma competição objetiva entre diferentes jurisdições privadas.

No que diz respeito à aplicação da tecnologia de contrato inteligente, em sua plataforma chamada de Jur Marketplace, os usuários podem adquirir modelos de contrato ou criar um "Smart Legal Contracts" a partir do zero no Editor Jur.

Os "Smart Legal Contracts" são o resultado da combinação de contratos escritos em linguagem natural com software de contrato inteligente em linguagem de código para automatizar obrigações e desempenho.

Todos esses recursos estarão acessíveis aos usuários por meio da Plataforma *Jur* e pretendem cobrir e simplificar a fase inicial das transações comerciais, ou seja, a criação de contratos.

Neste contexto, a solução blockchain trazida pelo Jur é um exemplo de business Strategy, que bem atende a alta velocidade das transações comerciais na internet, e reduz os altos custos envolvidos em todo o ciclo de vida de uma transação comercial, desde a criação de contratos até a resolução de disputas.

# Capítulo 7 | Aplicativos Descentralizados DApps

*No momento, já existem kits de ferramentas poderosos o suficiente para criar DApps usando a infraestrutura atual de blockchain. O desenvolvimento de todas as ramificações da Web 3.0 levam a DApps muito eficazes, capazes de automatizar inúmeros modelos de negócios.*

## *Definição*

DApps, ou aplicativos distribuídos, são uma nova maneira de criar, gerenciar e executar aplicativos através da blockchain.

## *Princípios*

DApps geralmente possuem quatro princípios:

### *DApps possuem código aberto*

DApps tendem a ser de código aberto. A natureza distributiva da plataforma blockchain significa que é mais fácil coordenar as atividades de muitos desenvolvedores diferentes que estão contribuindo para uma base de código comum.

Se você não está familiarizado com o código aberto, isso decolou há algumas décadas, mas é um mecanismo para desenvolver colaborativamente novos tipos de software, onde não há um único arquiteto ou autor, mas sim muitas pessoas diferentes que contribuem para o todo e obtêm o benefício do compartilhamento de conhecimento.

O Linux é um dos mais famosos projetos de código aberto. Mais recentemente, o próprio Bitcoin começou com um indivíduo, mas rapidamente se tornou um projeto de código aberto. Então agora existem várias centenas de desenvolvedores no que é chamado de Bitcoin Core, que aumentam, modificam e reparam a base de código para o Bitcoin.

O Bitcoin é um dos projetos de código aberto de maior sucesso de todos os tempos. A tecnologia blockchain subjacente ao Bitcoin pode ser usada de forma mais geral para gerenciar esses projetos de código aberto.

O código aberto se refere não apenas ao fato de que as pessoas contribuem para essa base de código comum, mas também ao fato de que o código é visível e aberto.

Não é tudo compilado onde você não pode ver o que está acontecendo, mas sim, você pode voltar para o material de origem para ver como uma parte específica do código foi criada, e o quais modificações ocorreram depois de sua criação.

## DApps são descentralizados

O segundo princípio dos DApps é que eles são descentralizados.

Todos os registros e atividades relacionados ao DApp são armazenados e executados num sistema blockchain.

Pode ser um blockchain público, como o Bitcoin, onde todos podem ver todos os registros de cada atividade que o DAPP executa, ou pode ser um blockchain privado, onde apenas pessoas com certas permissões podem ver o registro de eventos. e transações.

## *DApps são incentivados*

Novamente, usando o Bitcoin como exemplo, as várias pessoas que ajudam a fazer a rede Bitcoin foram incentivadas com uma taxa de mineração.

Eles recebem uma pequena quantia de Bitcoin para realizar os cálculos que permitem que as transações Bitcoin aconteçam.

Voltando às DApps, os participantes no suporte às atividades dos aplicativos descentralizados de alguma forma recebem incentivos. Existem muitas maneiras de se fazer isso. Não precisa ser mineração, que ainda demanda muita energia, mas o conceito de incentivos é importante aqui.

Daí, além de possuir código aberto, ser descentralizado e incentivado, o quarto principio ou requisito de um DApp é o seu próprio protocolo.

### Seu protocolo

Você vai criar um novo blockchain para o DApps em particular ou usar um blockchain existente, como a Ethereum?

## Categorias de DApps

A Ethereum fornece aos desenvolvedores uma camada fundamental: uma blockchain com uma linguagem de programação Turing-complete integrada, permitindo que qualquer pessoa escreva contratos inteligentes e aplicativos descentralizados onde possam criar suas próprias regras de propriedade, formatos de transação e funções de transição de estado. Em geral, existem três tipos de aplicações no topo do Ethereum.

### Aplicativos financeiros

Fornecendo aos usuários maneiras mais poderosas de gerenciar e celebrar contratos usando seu dinheiro.

### *Aplicativos semi-financeiros*

Onde o dinheiro está envolvido, mas há também um lado não monetário pesado para o que está sendo feito.

### *Aplicativos de governança*

Como votação on-line e governança descentralizada que não são financeiros.

## *DApps vs. aplicativos que usamos hoje*

Aplicativos distribuídos ou DApps são aplicativos baseados em blockchain. Eles exigem vários recursos de blockchains, como contratos inteligentes. Então, em vez de executar a lógica de negócios em um servidor normal, o que você está fazendo é executar a lógica de negócios em um blockchain.

E por que você iria querer fazer isso? Porque, numa blockchain, você pode contratar com alguém que você não conhece ou não confia, sem a necessidade de um intermediário para executar esse contrato em caso de descumprimento, evitando os altos custos que envolvem as transações tradicionais centralizadas.

Um bom exemplo de um DApps é o "Lunyr", uma enciclopédia crowdsourced descentralizada baseada em Ethereum que recompensa os usuários com tokens de aplicativos para revisão por pares e informações de contribuição. É uma espécie de Wikipedia, só que descentralizada.

Porque usar uma enciclopédia descentralizada?

Uma boa razão é, se a "Wikipedia" estiver hospedada, por exemplo, numa jurisdição específica como os EUA, se algum país como a China for banido e houver firewalls contra esse país em particular, então, de repente, a população chinesa ficará isolada de um enorme conjunto de dados de informação hospedados em aplicativos centralizados.

Então, usar um aplicativo descentralizado que lhe dê uma garantia de que você terá uma cópia local dele, mesmo se a Internet for censurada em seu país, garantindo acesso às informações, é realmente importante.

Uma segunda razão diz respeito aos incentivos em aplicativos descentralizados.

A Wikipedia se mantém através de contribuições de seus usuários e, não os recompensa, além do sentimento de satisfação gerado pela contribuição para o conhecimento do próximo.

Note que indivíduos que podem ter muito conhecimento, mas não têm tempo suficiente para contribuir porque têm um emprego diário e precisam ganhar dinheiro, tendem a não contribuir.

Assim, a qualidade da entrada de dados na Wikipédia pode ser prejudicada porque apenas um pequeno grupo de pessoas com tempo e vontade de ajudar contribuem.

E em plataformas como Facebook, onde todo o valor gerado pelas pessoas é capturado pela plataforma, as pessoas também podem ser reticentes em contribuir. Porque elas contribuiriam, se o anfitrião ganha todos o dinheiro e captura todo o valor dos contribuidores?

Então, o que "Lunyr" está propondo é: sempre que alguém contribui com um artigo, ele recebe um token.

Agora, perceba: Quanto mais pessoas contribuem, mais valiosa é a plataforma, porque quanto mais as pessoas olham para ela. Quanto mais as pessoas olharem, terá mais valor para os anunciantes, elas pagarão mais por esse token.

## *Principais diferenças entre DApps e contratos inteligentes*

Uma das questões interessantes que precisamos saber quando falamos de contratos inteligentes e DApps é:

> *Um contrato inteligente é meramente um utilitário que um aplicativo vai explorar para algum propósito. Os dois são institutos bem distintos.*

Por exemplo, você pode criar um fluxo de trabalho para seu aplicativo (dApp), e pode utilizar um contrato inteligente para algum aspecto do fluxo de trabalho. Você pode realizar uma transferência de título com um DApps, ou atualizar um tipo de registro medico ou informações médicas via smart contract.

# Capitulo 8 | Oráculos

## *O que é um Oráculo?*

Um oráculo, no contexto de blockchains e contratos inteligentes, é um agente que localiza e verifica ocorrências do mundo real e envia essas informações para uma blockchain a ser usado por contratos inteligentes.

Os contratos inteligentes contêm valor e apenas desbloqueiam esse valor se determinadas condições pré-definidas forem atendidas. Quando um determinado valor é atingido, o contrato inteligente altera seu estado e executa os algoritmos programaticamente predefinidos, acionando automaticamente um evento na blockchain. A principal tarefa dos oráculos é fornecer esses valores ao contrato inteligente de maneira segura e confiável.

As blockchains não podem acessar dados fora de sua rede.

Um Oráculo é um *feed* de dados – fornecido por um serviço de terceiros – projetado para uso em contratos inteligentes na blockchain.

Os Oráculos fornecem dados externos e acionam execuções de contratos inteligentes quando condições pré-definidas se encontram. Tais condições podem ser qualquer dado como temperatura do clima, pagamento bem-sucedido, flutuações de preço, etc.

Os oráculos fazem parte de contratos de assinatura múltipla, onde, por exemplo, os administradores originais assinam um contrato para liberação futura de fundos somente se determinadas condições forem cumpridas. Antes que qualquer dinheiro seja liberado, um Oráculo também deve assinar o contrato inteligente.

## — **Tipos de Oráculos**

Existem diferentes tipos de oráculos com base no tipo de uso. Diferenciamos entre oráculos de software, oráculos de hardware, oráculos de consenso e oráculos de entrada e saída.

*Oráculos de Software*

Os oráculos de software lidam com informações disponíveis *online*.

Um exemplo pode ser a temperatura, preços de mercadorias e bens, atrasos em voos ou trens, etc. Os dados são provenientes de fontes *online*, como sites de empresas. O software Oraculo extrai as informações necessárias e as insere no contrato inteligente.

## Oráculos de Hardware

Alguns contratos inteligentes precisam de informações diretamente do mundo físico, por exemplo, um carro atravessando uma barreira onde sensores de movimento devem detectar o veículo e enviar os dados para um contrato inteligente.

Outro caso de uso são os sensores em determinado setor de uma cadeia de suprimentos o logística.

O maior desafio para os Oráculos de hardware é a capacidade de compartilhar leituras sem sacrificar a segurança dos dados.

Bem por isso, surgiram empresas como a *Provable* que propõe uma solução em duas etapas para os riscos. Primeiro, fornece evidências criptográficas do sensor; depois, projeta leituras e mecanismos antifraude, tornando o dispositivo inoperável no caso de uma violação.

### Oráculos de entrada

Oráculos de entrada ("Outbound Oracles", em inglês) abastecem um contrato inteligente com dados do mundo externo. Um exemplo de caso de uso é uma ordem de compra automática, se o dólar americano atingir um determinado preço.

### Oráculos de Saída

Oráculos de saída ("Outbound Oracles", em inglês) dotam contratos inteligentes com a capacidade de enviar dados para o mundo exterior. Um exemplo seria uma fechadura inteligente no mundo físico que recebe um pagamento em seu endereço blockchain e se desbloqueia automaticamente após o pagamento.

## Oráculos baseados em consenso

Há mercados como Augur e Gnosis dependem fortemente de Oráculos para confirmar resultados futuros.

Nestes mercados, usar apenas uma fonte de informação pode ser arriscado e não confiável.

Para evitar manipulação e obter maior segurança, uma combinação de diferentes Oráculos pode ser usada, onde, por exemplo, 3 de 5 Oráculos podem determinar o resultado de um evento.

## Quão seguros são os Oráculos?

Oráculos são um serviço de fonte de informação oferecido por terceiros, e não fazem parte do mecanismo de consenso blockchain.

Logo, o principal desafio envolvendo Oráculos é que as pessoas precisam confiar nessas fontes de informação.

Seja um site ou um sensor, a fonte de informação precisa ser confiável.

Diferentes técnicas de computação podem ser usadas para solucionar esse desafio.

## Exemplo

A Amazon, por exemplo, utiliza os serviços da "*Provable*" como fonte de informação, que oferece prova criptográfica via TLSNotary.

Fornecer contratos inteligentes com fontes de informações confiáveis (via Oráculos) é crucial para os usuários, porque, em caso de erros, não há reversões.

# PARTE III - ESTUDOS DE CASO EM DIVERSOS SETORES

# Capítulo 1 | Estudos de Caso em diversos Setores e Indústrias

*A confiança está no centro de nossos maiores empreendimentos humanos. É o mecanismo pelo qual colaboramos e progredimos. Sustenta comunidades e constrói sociedades de sucesso. Quando a confiança se desgasta, o progresso humano vai com ela.*

*Tatiana Revoredo*

# *Introdução*

Plataformas Blockchain estão em contínuo desenvolvimento, sendo sempre bom lembrar que se trata de uma tecnologia à caminho da maturação.

Organizações que se perguntam se devem implementar soluções baseadas em blockchain devem primeiro considerar alguns pré-requisitos básicos e antecipar potenciais ineficiências. Alternativas estabelecidas muitas vezes servem melhor as organizações do que uma solução blockchain não testada, ou insuficientemente auditada.

No entanto, já há inúmeras soluções blockchain funcionando a pleno vapor em diversos setores e indústrias.

Veremos neste capítulo como soluções blockchain tem sido usadas em casos reais. Aqui, tendo em conta o objetivo deste livro, não será abordado considerações sobre design, planejamento de escala, nem como mitigar desafios. Tais assuntos serão objeto de outro livro.

# *Estudos de caso*

Os estudos de caso a seguir representam não apenas o que a blockchain pode fazer hoje, mas o que ela promete realizar no futuro.

Cada exemplo demonstra como blockchain ajudou a superar desafios de responsabilidade, segurança ou eficiência dentro de um setor específico.

# Capítulo 2 | Ajuda humanitária

# *O Programa Mundial de Alimentos da ONU*

*Building Blocks*

## — O problema

Como indivíduos sem contas bancárias ou documentos de identidade do governo participam de sistemas financeiros?

Atualmente, organizações como o *UN World Food Programme* (Programa Mundial de Alimentos da ONU, numa tradução literal), junto com mais de 30 outras entidades e instituições financeiras, coordenam ações para fornecer ajuda humanitária internacional.

Os sistemas tradicionais não apenas cobram taxas bancárias significativas, mas também atrasam a resolução de transações entre parceiros de cooperação, bancos e o Programa Mundial de Alimentos.

À medida em que o número de pessoas refugiadas aumenta e as transferências de renda se tornam uma forma predominante de desembolso de ajuda, os serviços bancários intermediários criam ineficiências e absorvem recursos.

## — A solução

O [programa *Building Blocks*](#) está sendo construído sobre a blockchain [Ethereum](#), e possibilita transferências monetárias representadas com tokens digitais, que são trocados por alimentos e suprimentos.

O programa reconcilia mensalmente os pagamentos com os fornecedores, contornando o depósito e as cobranças bancárias, ao mesmo tempo em que preserva a segurança do pagamento.

O piloto inicial nos campos de refugiados jordanianos atende a mais de 100.000 pessoas, ao mesmo tempo em que reduz significativamente as taxas de transferência bancária e aumenta a capacidade de resposta e eficiência de tempo ao atuar sobre as necessidades dos beneficiários.

*Tatiana Revoredo*

## — Como funciona

As famílias de refugiados recebem tokens em sua carteira digital todo mês, o que pode ser creditado aos mercados participantes em troca de bens e serviços.

A identidade de cada família é verificada pelo número de processo existente do ACNUR através de scanners de íris (identidade biométrica) em cada fornecedor.

Então, o WFP (Programa Mundial de Alimentos) transfere o pagamento diretamente para o fornecedor.

Neste sistema, o dinheiro nunca entra na blockchain, mas representa transferências de riqueza que são reconciliadas a cada semana.

## — Porque Blockchain

Ao criar um registro transparente e à prova de adulteração de provisões compradas por refugiados, a blockchain permite que agências de assistência conciliem diretamente os pagamentos entre si e aos fornecedores, reduzindo a atividade redundante nos pagamentos de auditoria.

Além disso, a segurança da tecnologia blockchain elimina a necessidade dos bancos facilitarem as transações e de os refugiados portarem dinheiro ou cartões bancários, reduzindo os custos associados e o potencial roubo.

## — Desafios

O piloto inicial subutilizou a capacidade do blockchain de integrar dados de várias fontes, já que o WFP era a única parte que processava as informações.

Uma vez que outras partes – como mercados, bancos e outras agências da ONU – sejam adicionadas, o *Building Blocks* encontrará novos desafios de governança à medida em que mais entidades passarem a acessar e a escrever na blockchain.

## — Impacto ampliado

O potencial para garantir os direitos humanos e melhorar o acesso aos recursos vai além das populações de refugiados.

A UNICEF está explorando as aplicações de blockchain para financiar recursos de ajuda de *crowdsourcing*, reduzir despesas operacionais e tornar o pessoal de campo mais eficaz.

Outros exemplos de organizações que trabalham para alavancar a blockchain para salvaguardar os direitos humanos incluem uma parceria entre a BTA, a Coca-Cola e o Departamento de Estado dos EUA para combater o trabalho escravo nas cadeias de fornecimento globais que utilizam trabalhadores migrantes.

O Grupo *De Beers* anunciou um projeto para eliminar diamantes "de sangue" das cadeias de suprimentos. A *Everledger* é uma empresa iniciante que desenvolve soluções baseadas em blockchain em mercados onde a procedência é importante (como diamantes, arte e vinho) – provando o desejo do consumidor por transparência e comércio ético.

# Capítulo 3 | Registro de Terras

*Tatiana Revoredo*

# República da Geórgia

*Bitfury*

## — O problema

A terra é uma fonte de riqueza e mobilidade econômica, e os registros de terras concedem aos proprietários autoridade legal para alavancar propriedades.

A propriedade duvidosa, a corrupção e os processos burocráticos de transação imobiliária aumentam as ocorrências de fraude, desgastam a confiança nas instituições e sufocam a mobilidade econômica.

Na Geórgia, anos de corrupção alimentados por um sistema de registro fragmentado prejudicaram a confiança em um sistema de registro público digital implementado como resultado de reformas do governo após a Revolução de Rose de 2003.

## — A solução

A Agência Nacional de Registro Público da República da Geórgia (NAPR – National Agency of Public Registry) firmou parceria com a Bitfury 56 em abril de 2016 para criar uma solução blockchain que permite à NAPR verificar a prova de propriedade, permitindo que os cidadãos verifiquem a legitimidade de seus documentos sem expor informações confidenciais.

Os cidadãos agora têm um método transparente e auditável de garantir que os registros do cadastro permaneçam legítimos.

## — **Como funciona**

Os cidadãos registram sua propriedade através de uma interface digital, que cria um *hash* com carimbo de data e hora do certificado de propriedade e carrega o *hash* para o blockchain público do Bitcoin.

O registro de data e hora do *hash* no blockchain Bitcoin inviabiliza a documentação e permite que seu proprietário prove que o certificado foi autorizado pelo NAPR e quaisquer registros subsequentes que contestem sua propriedade são inválidos.

Um registro fraudulento resulta em um *hash* diferente daquele registrado no blockchain público, provando que o registro editado é inválido.

## — Porque blockchain

Ao criar sistemas de registro transparentes e verificáveis, os governos podem restaurar a confiança na titulação de propriedades e fomentar o investimento e o crescimento econômico.

A rede blockchain descentralizada reduz o risco de fraude, verificando e reconciliando constantemente as transações em relação a registros exclusivos de propriedade da terra.

A transparência e resiliência de um blockchain acessível publicamente reduz o risco de corrupção e restaura a confiança do público no sistema.

## — Desafios

Os escritórios de gerenciamento de terras da República da Geórgia passaram por uma reforma institucional significativa a partir de 2004 e já possuíam registros de terras em formato digital.

Países extremamente burocráticos, por outro lado, podem ter registros incompletos ou analógicos que não estão prontos para a implementação de blockchain.

Além disso, a codificação de registros em um blockchain assume confiança no registro existente. Os países devem garantir que os registros de terras não tenham sido manipulados antes de adicioná-los à blockchain, ou arriscar codificar uma injustiça em um novo registro.

## — Impacto ampliado

Outros países estão buscando registros de terras para reduzir os custos de transação e garantir o capital fundiário para o crescimento econômico.

A *Lantmariet* sueca está testando uma solução para acelerar as velocidades de transações imobiliárias de 3 a 6 meses para 10 dias[57].

O Departamento de Terras de Dubai começou a registrar as transações de propriedades via blockchain, permitindo que os investidores globais verifiquem os dados de propriedades e garantam a precisão, credibilidade e transparência das transações de investimento[60].

A Universidade da Colúmbia Britânica formou uma parceria com a *Ubitquity*, uma empresa de registro de terras do blockchain, para testar uma solução para o Registro de Imóveis no Brasil [61], a fim de reduzir fraudes e erros humanos no registro da propriedade da terra. As soluções de registro de terras são projetadas para beneficiar países em desenvolvimento com níveis mais baixos de confiança institucional, onde uma redução projetada da taxa de juros de 0,1% "criaria US $ 14 bilhões por ano em valor agregado mundial", abrindo novas fontes de capital para milhões de proprietários.[62]

# Capítulo 4 | Gerenciamento de Energia

# Mercado de Energia peer-to-peer

*LO3 Energy e Brooklyn Microgrid*

## — O problema

As fontes renováveis de energia renovável permitem às famílias produzir e consumir energia localmente, criando uma rede energética mais eficiente.

No entanto, o atual modelo centralizado de distribuição de energia é ineficiente e restritivo.

Estabelecer um modelo descentralizado de infraestrutura de energia é crucial à medida que a demanda de energia evolui e os combustíveis fósseis exacerbam as preocupações com o clima[63].

## — A solução

A LO3 Energy criou um mercado de energia local que permite aos proprietários de painéis solares ("*prosumers*") comprar e vender energia localmente através da infraestrutura elétrica existente.

A Microgrid do Brooklyn usa seu mercado baseado em blockchain para conectar vários sites de energia solar aos clientes, que podem comprar e vender energia local enquanto preservam a manutenção do provedor de serviços públicos da rede elétrica.

Essa solução promove um modelo de energia limpa sustentável, aumenta a eficiência e a resiliência da rede elétrica e reduz os custos para os consumidores.

## — Como funciona

Os participantes acessam o mercado de energia local por meio do aplicativo móvel Brooklyn Microgrid.

No aplicativo, as pessoas podem optar por comprar energia solar local, energia renovável produzida fora da área de Brooklyn, Nova York e / ou energia da rede.

Os consumidores vendem sua energia solar excedente no mercado para que os consumidores façam uma oferta. A energia solar local é "ganha" pelos consumidores através de um leilão.

Os Prosumidores podem vender seu excesso de energia no mercado uma vez que tenham instalado um sistema de medidor inteligente da Microgrid do Brooklyn, que coleta e registra dados de energia para uso nos mercados de energia.

O mercado é escalável para comunidades em todo o mundo através do *Exergy*, uma plataforma de código aberto e sistema de token para gerenciamento e permissão de acesso a dados de energia.

Como um protocolo fundamental, o Exergy permite que aplicações digitais, como o mercado de Microgrid do Brooklyn, sejam implantadas em praticamente qualquer lugar.

## — **Porque blockchain**

O Blockchain fornece uma infraestrutura descentralizada, um método seguro de registro de transações e uma interface transparente.

Contratos inteligentes embutidos no blockchain permitem o mecanismo de leilão do mercado. A funcionalidade distribuída permitirá que milhões de usuários e dispositivos – com incentivos diferentes – participem do mercado ao longo do tempo.

## — Desafios

A Microgrid do Brooklyn tem como objetivo mudar a maneira como a eletricidade é comprada e vendida.

Embora esta abordagem inovadora esteja alinhada com a política energética de Nova York "Reformando a Visão de Energia", ela requer uma revisão do arcabouço regulatório existente [64].

Atualmente, esse modelo funciona em pequena escala, mas pode receber o *pushback* da indústria à medida em que aumenta.

Além disso, o ritmo de expansão será limitado pela velocidade de instalação e excesso de oferta dos painéis solares locais. Portanto, os proprietários podem não sentir os benefícios do efeito de rede até que uma massa crítica de participantes adicionais seja estabelecida.

## — **Impacto ampliado**

A LO3 Energy e outras organizações continuam a testar como a tecnologia blockchain pode democratizar o acesso à energia sustentável.

A LO3 Energy também faz parceria com a *Centrica* para testar um mercado semelhante de troca de energia *peer-to-peer* em *Cornwall*, Inglaterra.

As necessidades energéticas do século XXI exigem formas inovadoras de produzir e efetivamente alocar poder à população mundial.

A tecnologia Blockchain oferece uma estrutura segura e descentralizada para garantir que a nova infraestrutura esteja equipada para lidar com essa necessidade.

# Capítulo 5 | Cadeias de Suprimentos

# Rastreabilidade na produção de alimentos

*IBM Food Trust*

## — O problema

Embora as lojas de alimentos de varejo forneçam produtos frescos aos seus consumidores com segurança na maioria das vezes, a contaminação de alimentos representa sérios perigos para os consumidores, varejistas e fazendeiros.

Rastrear as fontes de produtos alimentícios através da cadeia de suprimentos é notoriamente difícil e demorado.

Os sistemas baseados em papel são suscetíveis a erros humanos, e os sistemas de dados digitais costumam ser isolados e incapazes de rastrear a jornada completa de um produto, de fazenda a loja.

Quando a contaminação de alimentos é descoberta, as lojas devem implementar recalls amplos, apesar de apenas uma pequena fração dos produtos serem afetados, custando milhões de dólares em desperdício de alimentos e mão-de-obra, e representando um perigo significativo para o público.

## — A solução

O Walmart aproveitou a tecnologia da *IBM Food Trust*, uma blockchain privada construída sobre o *Hyperledger* que pode rastrear a produção de alimentos em cadeias de fornecimento de varejo.

O *Food Trust* armazena dados em um banco de dados tradicional e exporta um registro de alterações na blockchain, que garante a privacidade dos dados dos parceiros da cadeia de suprimentos, mantém alta escalabilidade e se alinha aos padrões existentes do setor.

Os pilotos iniciais ocorreram no primeiro semestre de 2017 e reduziram o tempo de rastreamento de dias ou semanas para segundos, incentivando o Walmart a implementar a *Food Trust* como um requisito para todos os fornecedores de produtos frescos até setembro de 2019.

## — Como funciona

Trabalhadores dentro da cadeia de suprimentos enviam dados de processamento de alimentos para a blockchain por meio de uma convenção de nomenclatura padrão, para que os produtos possam ser consistentemente rastreados pelos fornecedores.

Entre cada troca de propriedade, a blockchain confirma a origem, caminho, destino e data de entrada do produto.

Os usuários autorizados podem verificar a proveniência dos alimentos para determinar o escopo do problema, determinar as origens da contaminação e conduzir medidas de recall mais precisas dos varejistas afetados, criando transparência e responsabilidade que não existem no sistema original.

## — Porque blockchain

A Blockchain fornece uma maneira resistente e inviolável de rastrear um item alimentar desde sua origem até seu ponto de venda em uma loja.

Ao exigir que os produtores de alimentos e trabalhadores de logística insiram dados de transporte na blockchain enquanto um produto viaja pelo sistema, os varejistas podem rastrear itens alimentares perigosos de forma transparente e precisa diretamente à sua fonte, reduzindo o risco de doenças transmitidas por alimentos e repassando economias para os consumidores.

## — **Desafios**

A *IBM Food Trust* é uma blockchain privada e autorizada que restringe a visibilidade dos dados para usuários autorizados.

Embora isso permita transparência na rede do distribuidor, ele exclui outras entidades importantes, como agências reguladoras e instituições de pesquisa, de acesso a dados, limitando a prestação de contas ao público e impedindo que organizações de interesse público tirem proveito dos dados.

Permissões inclusivas podem permitir o acesso de leitura de terceiros à cadeia de fornecimento de alimentos, restringindo o acesso de gravação a distribuidores autorizados, o que empregaria mais plenamente os benefícios da abertura da blockchain e forneceria dados impactantes para organizações que operam no interesse público.

Além disso, o rastreamento de ativos não digitais aumenta a probabilidade de erros e exige estruturas externas para incentivar a entrada correta de dados em um blockchain.

## — **Impacto ampliado**

Apesar de depender da contribuição humana, o Walmart alavancou um sistema blockchain que considerava as necessidades dos usuários, cuidadosamente escalado após o sucesso antecipado do piloto e trabalhava junto com o sistema redundante para maior segurança.

Blockchain tem diversas aplicações além das cadeias de suprimento de alimentos.

O *World Wildlife Fund* lançou um piloto para melhorar a rastreabilidade das práticas de pesca nas ilhas do Pacífico e ajudar a mitigar a pesca ilegal e não regulamentada.

A *Maersk* construiu uma blockchain para cumprir com mais eficiência os pedidos de remessa, reduzindo o desperdício de espaço de carga e diminuindo o tráfego marítimo a longo prazo.

Estes são alguns exemplos de como a blockchain pode rastrear ativos com segurança e aumentar a eficiência dentro das cadeias de suprimentos.

# Capítulo 6 | Inclusão Financeira

# Negociação coletiva em áreas rurais

*AgUnity*

## — O problema

Os pequenos agricultores dos países em desenvolvimento beneficiam-se muito de cooperativas nas quais podem negociar coletivamente preços melhores para seus produtos, compartilhar equipamentos e divulgar as melhores práticas.

No entanto, o acesso restrito à informação e a corrupção dentro das cooperativas prejudicam a confiança no sistema, atrapalham as transações e provocam perdas financeiras.

## — A solução

O *AgUnity* fornece smartphones para agricultores pré-cadastrados com o aplicativo, garantindo que os agricultores usem *hardware* compatível para o programa e utilizem dispositivos seguros ao acessar a blockchain AgUnity.

Construído sobre a plataforma [blockchain Multichain](), o aplicativo pode operar *off-line* em áreas rurais até que uma conexão com a Internet seja restabelecida.

A interface é personalizável, permitindo que diferentes tipos de culturas e nuances culturais sejam integrados à plataforma.

Os pilotos iniciais no Quênia e Papua Nova Guiné demonstraram um aumento de 300% na renda dos agricultores equipados com dispositivos AgUnity.

## — **Como funciona**

Fazendeiros fazem *logon* para registrar transações e vendas de processamento de safra.

As transações são visíveis para todos os outros membros, garantindo que as partes responsáveis pelas transações sigam os acordos.

Cada fazendeiro recebe uma carteira digital que armazena os recibos, que são convertidos em dinheiro na chegada à cooperativa.

AgUnity também fornece serviços de mensagens criptografadas para os agricultores colaborarem no planejamento de colheita e compartilhamento de equipamentos [69].

## — **Porque blockchain**

A Blockchain cria um registro permanente das transações.

Desta forma, permite que os agricultores estejam confiantes de que os acordos com os representantes das cooperativas não serão alterados sem o seu consentimento.

Além disso, o registro é auditável por outros membros da cooperativa, proporcionando transparência e responsabilidade aos agricultores que se preocupam com o fato dos os corretores de safras não cumprirem seus compromissos.

## — Desafios

Apesar dos esforços para incutir confiança no sistema cooperativo, a AgUnity controla centralmente os registros de transações, os dados de identidade e a programação nos dispositivos participantes. Isso exige que os agricultores confiem na AgUnity como um mediador e limite a expansão.

Além disso, os agricultores são pagos através de instituições financeiras e precisam trocar créditos digitais por dinheiro (embora a integração com plataformas de dinheiro digital como a M-Pesa esteja próxima).

Por fim, não existe um validador independente de transações e os agricultores ainda contam com uma aplicação *off-chain* se uma cooperativa não cumprir um acordo.

## — Impacto ampliado

A AgUnity continua a expandir suas ofertas de inclusão financeira, incluindo recursos de carteira digital e empréstimos securitizados.

Outras empresas de blockchain estão lidando com lacunas nos serviços financeiros nos países em desenvolvimento.

O *BitPesa* é um sistema de pagamento móvel que reduz os custos de transação e gerencia riscos, trazendo estabilidade para as comunidades e promovendo a mobilidade econômica.

O *WorldRemit* fornece serviços de remessa acionados por blockchain que são quase instantâneos, seguros e diretos, incentivando o intercâmbio financeiro e proporcionando estabilidade aos beneficiários.

Construir ferramentas financeiras para populações marginalizadas é um componente crítico para alcançar metas globais de desenvolvimento, e blockchain será fundamental para o sucesso da inclusão financeira.

# Capítulo 7 | Votação

# *Votação móvel em Blockchain*

*Aplicativo Voatz na Virgínia Ocidental*

## — O problema

Membros militares no exterior e suas famílias têm poucas opções quando se trata de votar nas eleições dos EUA [68].

Atualmente, eles devem enviar o voto pelo correio, por fax ou por e-mail para um escritório do cartório do condado, o que provou ser incômodo (e muitas vezes impossível) para militares em áreas remotas do mundo.

Mas os militares não têm garantia de que o seu voto chegue a tempo, seja computado ou permaneça em sigilo e seguro durante todo o processo.

Esses fatores reduzem a capacidade, a disposição e a motivação dos membros do serviço militar e dos eleitores residentes no exterior de participar do processo democrático.

## — A solução

*The Office of the Secretary of State of West Virginia* (Gabinete do Secretário de Estado da Virgínia Ocidental), em parceria com a Voatz, *Tusk Montgomery Philanthropies*, e o Blockchain Trust Accelerator testaram um aplicativo de votação móvel alimentado por blockchain nas eleições primárias e gerais de 2018.

O piloto inicial limitou-se ao *West Virginia* UOCAVA (*the Uniformed and Overseas Citizens Absentee Voting Act*), com eleitores registrados nos condados de Harrison e Monongalia para as eleições primárias, ampliando depois para 24 condados nas eleições gerais.

A primeira votação em uma eleição federal norte-americana lançada por meio de uma solução baseada em blockchain foi lançada em 24 de março de 2018 - o dia da votação aberta nas primárias de 2018 da Virgínia Ocidental.

O primeiro voto em uma eleição geral foi registrado em blockchain em 21 de setembro de 2018.

Nas eleições primárias, 13 votos foram lançados através da solução blockchain.

Na eleição geral, 144 votos de eleitores americanos, residentes em 31 países diferentes, foram computados em blockchain, dos 160 eleitores que se registraram para usar a tecnologia.

## — Como funciona

Eleitores preenchem e submetem o pedido do *Federal Post Card Application* (FPCA) ao condado municipal.

Assim que o FPCA for recebido e as informações do eleitor forem confirmadas, os eleitores serão solicitados a baixar o aplicativo *Voatz*, verificar sua identidade e elegibilidade usando medidas de segurança biométrica e concluir o processo de votação de forma segura e privada por meio de smartphones ou tablets.

## — Porque blockchain

Blockchain permite que os eleitores enviem suas cédulas eleitorais através de um registro criptográfico distribuído que não possui ponto central de falha e não pode ser editado.

Além disso, os votos permanecem auditáveis pelos funcionários do comitê eleitoral sem fornecer informações pessoalmente identificáveis sobre um eleitor, fornecendo o mesmo anonimato que os eleitores da pesquisa estão garantidos.

## — **Desafios**

Enquanto o processo de votação móvel blockchain é uma melhoria significativa para os sistemas existentes para os eleitores no exterior, uma série de preocupações permanecem.

A votação por dispositivos móveis exige que os eleitores tenham smartphones ou tablets e, apesar das medidas de segurança que bloqueiam os dados, as conexões de internet inseguras e / ou dispositivos sem suporte podem afetar a capacidade de um eleitor enviar uma votação com sucesso.

O aplicativo utiliza um sofisticado software de detecção de malware, que desativará o aplicativo e impedirá que uma cédula seja acessada se o dispositivo for considerado inseguro.

Nesse caso, métodos alternativos de voto em ausência permanecem disponíveis para aqueles cujos dispositivos são inseguros, e para aqueles que não possuem ou não podem operar um smartphone. No entanto, como toda a tecnologia, a segurança deve ser constantemente monitorada e atualizada à medida que atores nefastos se adaptam e buscam maneiras de contornar as proteções atuais.

## — **Impacto ampliado**

Blockchain tem o potencial de transformar a maneira como os cidadãos interagem com o seu governo e restaurar a confiança na instituição do voto. A cidade de Zug, na Suíça, recentemente alavancou uma plataforma de votação móvel movida a blockchain pela *Luxoft* para suas eleições municipais.

O Partido Republicano de Utah fez uma parceria com a *Smartmatic* para oferecer aos membros de seu partido a capacidade de votar em qualquer lugar do mundo para o Caucus Presidencial Republicano de 2016.

À medida que a tecnologia amadurece e mais funcionários eleitorais e o público em geral aumentam sua compreensão do sistema, a votação acionada por blockchain fornecerá aos cidadãos um método ágil, eficaz e confiável pelo qual se engajar com seu governo.

# Capítulo 8 | Investimento Social

## *Cidade de Berkeley*

Neighborly

## — O problema

Os títulos municipais têm sido uma fonte importante de financiamento para projetos públicos.

Ao conectar investidores com governos locais que emitem títulos, eles financiam investimentos cívicos como escolas, bibliotecas e parques.

No entanto, regulamentações complexas e um cenário de vínculo disperso criam barreiras para investidores dispostos, impedindo que as comunidades acessem o capital quando necessário.

Além disso, os investidores enfrentam desafios ao acompanhar o impacto de seus investimentos, levando a problemas de responsabilidade que dissuadem o investimento dentro das comunidades.

## — A solução

Funcionários eleitos da cidade de Berkeley fizeram parceria com a *Neighborly* e o Laboratório Blockchain da UC Berkeley para explorar a construção de uma plataforma que facilitaria as oportunidades de investimento entre os moradores e a cidade por um valor tão baixo quanto $ 10.

Ao ampliar o leque de investidores e oportunidades de investimento, os funcionários da City of Berkeley procuram capacitar os moradores para investir em projetos que sejam significativos para eles, expandindo os tipos de projetos que poderiam ser financiados com financiamento de títulos municipais, de acordo com regulamentos federais, estaduais e locais.

## — Como funciona

Os investidores comprarão títulos municipais simbólicos, denominados em dólares americanos, que permitirão à cidade alocar recursos de forma mais ampla e rápida, mas também criar novas iniciativas, como vale-alimentação para os desabrigados.

Como os investidores locais terão melhor acesso por meio das ferramentas financeiras blockchain, pode ser cada vez mais fácil para os investidores indicarem um projeto que gostariam de financiar, descobrir como seus fundos irão contribuir para o projeto e rever as características do investimento.

## — **Porque blockchain**

A tecnologia Blockchain pode ignorar os intermediários e diminuir os custos de transação, permitindo que pequenos investidores e municípios criem facilmente parcerias mutuamente benéficas.

A descentralização permite que empresas como a *Neighborly* armazenem informações financeiras de maneira precisa e barata, enquanto uma trilha auditável fornece conformidade de auditoria "Conheça seu cliente". Finalmente, blockchain rastreia todos os movimentos financeiros para provar que os investimentos foram gastos como pretendido.

## — Desafios

Este piloto está em sua infância e poucos detalhes foram publicados sobre a mecânica da solução blockchain. No entanto, blockchain permitiria diferentes graus de visibilidade dos dados, incutindo transparência e responsabilidade para os reguladores e investidores. Embora o blockchain torne o processo de transação entre emissores e investidores mais fácil, mais acessível, mais eficiente e mais transparente, a seleção de projetos dependerá dos governos locais emissores dos títulos.

## — Impacto ampliado

Os desafios de eficiência e transparência em aquisições, captação de recursos e investimento social são adequados para a intervenção blockchain. A *AidCoin* construiu uma plataforma de captação de recursos que rastreia as contribuições através de blockchain para taxas mais baixas e oferece clareza sobre como os fundos estão sendo alocados. A *St. Mungo's*, uma instituição de caridade sediada em Londres que presta serviços à população desabrigada, usa uma ferramenta de transparência blockchain chamada Alice para rastrear contribuições em tempo real e realocar fundos à medida que surgem novas prioridades, dando mais poder aos doadores para escolher como suas contribuições são feitas. utilizado. A Blockchain oferece a segurança e a responsabilidade de que comunidades e instituições de caridade busquem revitalizar a confiança e galvanizar bons investimentos sociais.

# Capítulo 9 | Sustentabilidade Ambiental

## Sistema de gerenciamento de resíduos

*Plastic Bank*

## — O problema

Todos os anos, aproximadamente 8 milhões de toneladas de plástico entram nos oceanos, somando-se aos mais de 4 trilhões de libras de plástico que atualmente destroem os ecossistemas marinhos, colocando em risco o abastecimento de alimentos e degradando as condições de vida de milhões de comunidades costeiras.

Mais de 80% dos resíduos são gerados por populações com sistemas de gerenciamento de resíduos insuficientes.

O lixo pode gerar renda para milhões de pessoas marginalizadas que vivem em áreas poluídas por meio de reciclagem de programas de resgate. No entanto, transferências monetárias convidam a criminalidade em sociedades subdesenvolvidas e a localização da moeda inibe as organizações de crescerem para impactar significativamente o enorme acúmulo de plástico no planeta.

## — A solução

O *Plastic Bank* firmou uma parceria com a *Cognition Foundry* e a IBM para criar um aplicativo móvel para rastrear a quantidade de materiais recicláveis enviados para depósitos locais nas áreas participantes.

## — Como funciona

Populações locais baixam o aplicativo em seu smartphone e coletam plástico em suas vizinhanças. Os colecionadores ganham tokens digitais em peso que podem ser trocados por dinheiro ou gastos em lojas participantes, *hotspots* de Wi-Fi e estações de recarga de telefone. O plástico é então exportado para fábricas que processam plásticos de origem sustentável.

## — Porque blockchain

A crescente onipresença de smartphones habilitados para internet permite que blockchain forneça serviços financeiros a populações anteriormente inacessíveis. Transações seguras e resistentes a falhas oferecem um método confiável e seguro de ganhar e gastar renda. Em vez de construir uma rede centralizada, o blockchain permite ecossistemas descentralizados nos quais os coletores plásticos locais podem se conectar diretamente com os fabricantes, sem intermediários gerenciando o relacionamento.

## — **Desafios**

Apesar da ampla adoção de smartphones e ganhos significativos em conectividade com a Internet, a Social Plastic ainda conta com conectividade com a Internet para fornecer serviços financeiros aos seus clientes. Embora não precisem de conectividade durante a coleta de plástico, as transações que ocorrem fora das áreas cobertas não serão beneficiadas pela resolução imediata das transações. Além disso, a renda dos coletores depende das empresas que pagam preços acima do mercado para o plástico reciclado. O sucesso deste modelo depende da demanda sustentada por produtos ecologicamente responsáveis.

## — **Impacto ampliado**

Outras organizações estão aproveitando o poder da tecnologia blockchain para reparar e proteger o meio ambiente. O projeto *Clean Up Niger Delta* da *Sustaintability International* paga membros da comunidade por meio da moeda digital para completar tarefas de limpeza e, em seguida, documenta-as no blockchain. Em outro projeto, a IBM fez uma parceria com a *Chinese Energy-Blockchain Labs* para construir um sistema de gerenciamento de ativos de carbono no Hyperledger, reduzindo o custo de participar de trocas de créditos de carbono e ajudando as empresas a emitirem menos carbono para o meio ambiente. A tecnologia Blockchain permite que pequenos grupos criem limpezas ambientais economicamente viáveis em todo o mundo, armazenando informações verificáveis sobre tendências de poluição e reparando o meio ambiente por meio de colaboração descentralizada.

*Tatiana Revoredo*

# Capítulo 10 | Combate ao *Fake News*

# Certificação de conteúdo original e legítimo

*Democracy Notary*

## — O problema

A prova factual constitui a base de toda a avaliação e tomada de decisões, do jornalismo à formulação de políticas e à escolha do eleitor. As falsificações minam a capacidade do público de fazer julgamentos sólidos ou confiar em fatos quando são apresentados.

A crescente sofisticação do software de edição de fotos, as menores barreiras ao acesso e as redes maiores que proliferam falsificações diminuíram a circulação de desinformação. Forjamentos convincentes de fotos, vídeos, documentos e gravações de voz pós ameaças severas à privacidade, segurança nacional e democracia.

## — A solução

Identificar a desinformação é apenas uma peça do quebra-cabeça. Em parceria com a Design 4 *Democracy Coalition*, a *Emercoin* e a Blockchain Trust Accelerator testaram a plataforma "Democracy Notary", que assegura cópias oficiais de declarações públicas para provar que o conteúdo é original e legítimo. Seu primeiro caso de uso foi em relação ao referendo macedônio de 2018.

Com base na blockchain permitida da Emercoin, ela permite que organizações da sociedade civil de confiança façam upload de conteúdo e forneça ao público acesso de leitura para comparar relatórios divulgados com entradas blockchain verificadas.

## — Como funciona

"Democracy Notary" codifica imutavelmente os principais documentos em uma blockchain que pode servir como uma "verificação da verdade" quando documentos manipulados ou falsificados são usados como uma arma de desinformação durante eventos de alto risco, como eleições. A "Design 4 Democracy

Coalition" tem o objetivo de dar permissões a organizações da sociedade civil para postar no "Democracy Notary", que converte documentos, relatórios e outras mídias originais de interesse público em *"hashes"* exclusivos e os publica no blockchain onde se torna matematicamente impossível dados colocados no sistema para serem alterados ou destruídos. Blockchain, portanto, pode demonstrar a integridade da informação e tornar possível desmascarar falsificações e manipulações

## — **Porque blockchain**

A tecnologia Blockchain usa algoritmos para atribuir hashes para identificar exclusivamente arquivos de dados. Qualquer alteração em um arquivo original resultará em um hash obviamente diferente e, portanto, será facilmente reconhecível como um arquivo diferente do original. As blockchains são acessíveis globalmente, permitindo que indivíduos em todo o mundo registrem facilmente hashes de conteúdo original e permitam que outras pessoas verifiquem cópias de informações comparando seus hashes com o hash catalogado do original.

## — Desafios

Embora a plataforma "Democracy Notary" tenha sido projetada para ajudar os cidadãos a encontrar fontes precisas de informações para as eleições, os desafios permaneceram na condução da adoção pelos usuários. A equipe procurou incorporar as complexidades técnicas da plataforma por trás da interface do usuário para simplificar a experiência do usuário.

Apesar de sua dificuldade, criar interfaces centradas no usuário é fundamental para criar valor para os usuários finais e para uma adoção mais ampla de uma nova tecnologia. Além disso, "Democracy Notary" enfrentou desafios para educar o público sobre seu serviço nas semanas que antecederam a eleição. Plataformas que combatem notícias falsas devem ser acompanhadas de campanhas sustentadas de educação pública para informar os cidadãos interessados sobre alternativas de notícias seguras e confiáveis.

## — Impacto ampliado

A Blockchain permite o registro de tempo imutável do conteúdo, criando um nicho para verificação de conteúdo e serviços notariais para tornar as informações de falsificação mais difíceis.

O *"Blocksign"* permite que os usuários assinem assinaturas digitais de documentos e *timestamp* no blockchain para provar que um documento foi validado em um determinado momento sem intermediários confiáveis.

O *"Blocknotary"* estende esses serviços para qualquer tipo de mídia e oferece um processo de entrevista em vídeo para verificação remota de identidade. Embora as questões de propriedade originária e elegibilidade de tribunais demonstrem desafios fora da cadeia para os serviços notariais digitais, eles oferecem uma ferramenta significativa para combater a fraude e a falsificação na documentação pública.

# PARTE IV - SEU PAPEL NA EVOLUÇÃO DA INTERNET

# Capítulo Único | Blockchain e Seu Papel na Evolução da Internet

*"O futuro já está aqui — só <u>ainda</u> não está distribuído uniformemente" (<u>William Gibson</u>, 1993).*

## *Introdução*

Para compreendermos como Blockchain contribui com a Evolução da Internet, antes é necessário equalizarmos alguns conceitos como a diferença entre Web e Internet, os diferentes estágios de evolução da Web, e as qualidades da Web 3.0.

Após este pequeno panorama da evolução da Internet, finalizaremos este capítulo mostrando algumas soluções Blockchain, criadas para levar a Web 3.0 à absoluta descentralização.

## *Caminhando para uma Internet onipresente*

Hoje, é comum usarmos a palavra "*inteligente*" para qualificar dispositivos capazes de se conectar à Internet.

É "*cool*" atender remotamente o visitante que toca a campainha de sua casa com a fechadura inteligente *Gate* e usar a assistente pessoal de seu *smartphone* (celular inteligente, em inglês) para procurar o restaurante mais próximo de sua atual localização.

Contudo, não é somente a conexão à Internet que torna um dispositivo "inteligente".

Exige-se também a combinação de serviços, confiança e facilidade de uso, transformando aquele dispositivo em uma melhor opção para consumidores.

Todas essas coisas interconectadas formam uma rede, também conhecida por **Fenômeno da Onipresença**, ou simplesmente *IoT - Internet of Things* (Internet das Coisas, em uma tradução literal para a língua portuguesa).

Esta rede de dispositivos é uma das características mais marcantes da Web 3.0.

Ainda não existe esta infraestrutura, e nem todos os dispositivos estão conectados, mas estamos caminhando para uma *IoE — Internet of Everything* (uma Internet para tudo e para todos).

Isto é, para um mundo onde tudo e qualquer coisa estará conectada à Internet.

## *Web vs. Internet*

Muitos usam *Web* e Internet como palavras sinônimas. Mas você sabe diferenciá-las?

Em uma rápida visita na página da **Web Consortium**, também conhecido como **W3C**, descobrimos o seguinte:

> "A Internet é um sistema global de redes de computadores interconectadas que trocam dados por comutação de pacotes usando o Internet Protocol Suite (TCP / IP) padronizado."

## — A Internet é uma rede de redes

E esta rede é definida pelos padrões TPC / IP.

> "A World Wide Web (WWW, ou simplesmente Web) é um espaço de informações no qual os itens de interesse, referidos como recursos, são identificados por

*identificadores globais chamados Uniform Resource Identifiers (URI)."* (Architecture of the World Wide Web, Volume One do W3C)

## — A Web é um espaço de informação

As primeiras três especificações para tecnologias da Web definiram URLs, HTTP e HTML.

Agora, antes de descobrirmos quais são as características da Internet do futuro, é importante ter uma breve noção de como se deu evolução da Web.

## *Os estágios de evolução da Web*

Na década de 1960, logo após a Guerra Fria, surgiu o que chamaram de...

> *ARPANET, a primeira versão da Internet*

Nesta primeira fase, com o propósito inicial de servir a objetivos militares dos EUA, a Internet possibilitou basicamente o compartilhamento de informações, com entrega de conteúdo *online*, de modo estático, e em sua maior parte corporativo. Uma de suas grandes conquistas foi o envio do primeiro e-mail em 1969.

Também neste período, foi criado o IP — Internet Protocol — e o HTTP — *Hyper Text Transfer Protocol Secure* — que possibilitaram o tráfego de dados via rádio, fibra ótica e satélite, com envio de informações criptografadas e transações comerciais. E neste passo...

> *A Web foi criada em 1992 por Tim Berners-Lee.*

## — Web 1.0, onde tudo começou

A **Web 1.0** refere-se ao primeiro estágio da World Wide Web, que era inteiramente composto de páginas da Web conectadas por hiperlinks. Embora a definição exata da Web 1.0 seja uma fonte de debate, acredita-se que ela se refira à Web quando era um conjunto de sites estáticos que ainda não forneciam conteúdo interativo.

Como tudo evolui e nada permanece estático, novas ferramentas surgiram e tornaram a primeira geração da Web, a Web 1.0, mais dinâmica. Com isso, teve início a Web 2.0.

Exatamente onde a Web 1.0 termina e a Web 2.0 começa não pode ser determinado, já que se trata de uma mudança que aconteceu gradualmente, ao longo do tempo, à medida que a Internet se tornou mais interativa.

## — Web 2.0, a Web Social

Desde 2004, a **Web 2.0** tem sido o termo usado para descrever a web social, onde os sites de redes sociais ocupam um lugar de destaque nas atividades online dos usuários. A mudança para essa web mais interativa que a Web 1.0 ocorreu como resultado de mudanças tecnológicas que tornaram a Internet e a capacidade de desenvolver conteúdo mais acessíveis. Essas mudanças incluem Internet de banda larga, melhores navegadores, AJAX e o desenvolvimento em massa de *widgets*[3].

Diz-se, então, que a Web 2.0 foi uma evolução da Web original (que pode ser comparada a uma biblioteca). A Web 1.0 era essencialmente um espaço de informação onde eram disponibilizadas páginas de texto para as pessoas lerem, mas sem interagir. A Web 2.0 mudou isso por possibilitar interação do usuário com sites dinâmicos que agem mais como aplicativos do que simplesmente como páginas de informações.

## — A reinvenção completa da Internet

E como tudo evolui e nada permanece estático, estamos entrando na Era da **Web 3.0** (também conhecida como **Web Semântica**), que está programada para ser o novo paradigma em interação na web e marcará uma mudança fundamental em como os desenvolvedores criam sites e, principalmente, como as pessoas interagem com esses sites.

Cientistas da computação e especialistas em Internet acreditam que esse novo paradigma de interação na Web 3.0 tornará a vida das pessoas mais fácil e intuitiva.

Aplicativos mais inteligentes darão aos usuários exatamente o que eles buscam, através da compreensão do contexto em vez de simplesmente comparar palavras-chaves, como é feito atualmente na Web 2.0. Vejamos, então, porque a Web 3.0 será uma reinvenção completa da Web.

Para entender a Web 3.0, nada melhor que um exemplo.

## — Entendendo a Web 3.0

Na atual Web 2.0, os usuários interagem com sites que possuem comportamentos "predeterminados de acordo com a entrada de usuários".

Os usuários podem pesquisar informações usando vários mecanismos de pesquisa que geralmente fornecem resultados satisfatórios "se houver informações suficientes sobre a pesquisa". No entanto, essa pesquisa é realizada apenas por palavras-chave e traz as informações mais populares disponíveis, sem compreender o contexto da pesquisa.

Imagine que um usuário procura por um inseto chamado "Camaro" e insere no site de busca apenas uma palavra no site de busca. Ora, cerca de 90% dos resultados da pesquisa certamente irão listar o modelo de carro *Chevrolet Camaro*, e não o inseto. E isto ocorre porque o carro é o resultado de pesquisa mais popular.

Em contrapartida, como a Web 3.0 tem o usuário como foco e base para seu funcionamento, no mesmo exemplo acima, ela será capaz de fornecer ao usuário informações mais úteis sobre o inseto "Camaro", como seu habitat e até mesmo onde encontrá-lo como iguaria.

Pode-se comparar a Web 3.0 com um assistente de inteligência artificial que entende seu usuário e personaliza tudo. Seus recursos serão comparados com filmes de ficção científica.

Ainda não existe uma definição concreta para a Web 3.0 e a tecnologia que nos levará até lá ainda não amadureceu. Contudo, já é possível identificar algumas de suas características.

## — Características da Web 3.0

### *O fenômeno da onipresença*

Além do fenômeno da onipresença, vejamos as demais características da Web 3.0, começando pela centralização no usuário que, nada mais é do que seu foco no usuário.

### *O usuário como razão de ser*

A Web 3.0 foi projetada para ser mais centrada no usuário, sem servidores centralizados, com todos os dados distribuídos entre dispositivos cujo acesso pelas pessoas se dará com maior liberdade e sem supervisão. O que é bastante interessante se considerarmos que as pessoas estão criando mais conteúdos do que nunca, disponibilizados na Internet sem intermediários. As pessoas estão simplesmente "seguindo" conteúdos e pessoas que mais lhes agradam, sem qualquer interferência de canais de mídia ou criadores de conteúdo corporativo.

## *Inteligência Artificial*

De outro lado, a inteligência artificial será uma poderosa ferramenta para fornecer via Internet as melhores análises e o melhor resultado às pessoas. A inteligência artificial será capaz, por exemplo, de identificar seu gosto musical e sugerir as melhores opções para seu repertório, após analisar seu comportamento ao utilizar o *Spotify*. Como tudo está interligado na Web 3.0, ao invés das técnicas de marketing tradicionais de massa, a nova estratégia de marketing buscará a pessoa como base.

## *P2P Network*

Outra característica da Web 3.0 é que ela se concentra em uma **Peer-to-Peer Network**.

Uma rede *peer-to-peer (P2P)* é um grupo de computadores, cada um deles atuando como um nó para compartilhar arquivos dentro do grupo.

Em vez de ter um servidor central para atuar como uma unidade compartilhada, cada computador atua como o servidor dos arquivos armazenados nele.

Quando uma rede P2P é estabelecida pela Internet, um servidor central pode ser usado para indexar arquivos, ou uma rede distribuída pode ser estabelecida onde o compartilhamento de arquivos é dividido entre todos os usuários na rede que estão armazenando um determinado arquivo.

Quando as redes P2P são estabelecidas pela Internet, o tamanho da rede e os arquivos disponíveis permitem que grandes quantidades de dados sejam compartilhadas.

Antigas redes P2P como a *Napster*[4] usavam software cliente e um servidor central, enquanto redes posteriores como *Kazaa*[5] e *BitTorrent*[6] eliminavam o servidor central e dividiam as tarefas de compartilhamento entre vários nós para liberar largura de banda.

Assim, como a Web 3.0 está caminhando para uma P2P Network, reduziremos a necessidade da palavra intermediário no mundo da Web 3.0.

## Uma Web de dados

Do mesmo modo que a Web 1.0 e a Web 2.0 são chamadas de "*Symple Web*" e "web Social", a Web 3.0 é conhecida como **Semantic Web**.

A *Semantic Web* é uma Web de dados.

Há muitos dados que todos usamos todos os dias e não fazem parte da Web.

Por exemplo, posso ver meus extratos bancários na web e minhas fotografias e posso ver meus compromissos em um calendário.

Mas posso ver minhas fotos em um calendário para ver o que estava fazendo quando as levei? Posso ver linhas de extrato bancário em um calendário? Por que não? Porque não temos uma rede de dados. Porque os dados são controlados por aplicativos, e cada aplicativo mantém isso para si mesmo.

O objetivo da Web Semântica é, portanto, estender os princípios da Web de documentos para dados. Os dados deverão relacionar-se uns com os outros, assim como os documentos, permitindo que a Web 3.0 extraia seu conteúdo do comportamento humano.

## *Gráficos 3D*

Ainda, podemos identificar como componente da Web 3.0 o fato de seu **conteúdo ser mais gráfico**, com mais vídeos e imagens que simples textos.

Em um futuro próximo, a AR – *Augmented Reality* (Realidade Aumentada) e o VR – *Virtual*

*Reality* (Realidade Virtual) serão algo comum a todos, trazendo gráficos mais realistas e a aplicativos e *games*. Também, a impressão 3D não ficará restrita a laboratórios, ou corporações, tornando-se acessível a qualquer pessoa, a um custo bem mais barato que o atual.

Alguns exemplos de aplicativos de web 3.0 que podemos citar são: o Filecoin.io, Storj (em oposição ao *Google Drive*, *One Drive* e *Dropbox*); o Experty.io (em oposição ao Skype), o Brave (em oposição ao Google Chrome).

Haverão mais aplicativos que substituirão todos os grandes nomes de hoje. Tais aplicativos terão de combater atuais os líderes que dominam o mercado de modo monopolista.

## *Precisamos de uma Internet descentralizada?*

Após 30 anos de revolução na estrutura de dados da internet, ainda corremos no protocolo cliente-servidor. A arquitetura da internet não mudou muito, e ainda estamos em busca de uma internet verdadeiramente aberta e livre.

Uma das maiores falhas da Web 2.0 e da Web 1.0 é a arquitetura baseada em cliente / servidor.

Os nossos dados pessoais na internet são armazenados em um computador com enorme capacidade de armazenamento. Todos os dados que transacionamos na Web estão sob domínio de países ou de empresas privadas.

Ora, isto representa uma séria ameaça à nossa privacidade, como ficou evidente no recente vazamento de dados ocorrido na maior rede social do mundo. Está mais que comprovado que as gigantes da internet monitoram nossas vidas de várias maneiras.

Com a evolução da internet, narrada nos tópicos anteriores, podemos finalmente implantar as mudanças necessárias para alcançarmos uma Rede Mundial de Computadores realmente descentralizada.

Na Web 3.0, ninguém teria autoridade sobre nossos dados pessoais, na medida em que eles não estariam armazenados em um servidor central, mas distribuídos por toda a rede sem a interferência dos intermediários tradicionais.

# *O futuro já começou!*

Hoje, já existem tecnologias disponíveis hoje, como as arquiteturas Blockchain[7], que podem fazer isto acontecer. Vejamos.

## — Cadeias de retransmissão descentralizadas

Plataformas como o Polkadot possibilitam a interconectividade entre redes privadas e de consórcio, redes públicas e sem permissão e oráculos. Trata-se de um projeto de código aberto fundado pela Web3 Foundation[8].

Tal plataforma torna mais fácil do que nunca criar e conectar aplicativos, serviços e instituições descentralizadas, viabilizando que diversos blockchains transfiram mensagens e transacionem valor entre si, de maneira automatizada, compartilhando recursos exclusivos com segurança.

## — Sistemas de nome de domínio descentralizado

Os sistemas de domínio descentralizado como o <u>BNS</u> (usados por Blockstack), <u>Namecoin</u>, e <u>ENS</u> (usados por Ethereum) já estão disponíveis para viabilizando um sistema global semelhante ao DNS de maneira totalmente descentralizada. Tais sistemas usam arquiteturas blockchain com o intuito de que nenhuma empresa possa censurar um site, ou retirar a propriedade de um domínio.

## — Sistemas de armazenamento descentralizado

Os sistemas de armazenamento descentralizados, baseados em estruturas blockchain como o *Gaia* (usado por Blockstack), *Swarm* (usado por Ethereum), *IPFS*, *Storj*, dentre outros, distribuem dados em muitos dispositivos e eliminam a necessidade de empresas como servidores de conteúdo.

Alguns sistemas, como o Gaia, redirecionam os provedores de armazenamento em nuvem existentes e podem oferecer desempenho comparável aos serviços centralizados existentes. Para melhor compreensão, vejamos como a web tradicional ou aplicativos para dispositivos móveis interagem com o armazenamento.

## Como a web tradicional e aplicativos de dispositivos móveis interagem com o armazenamento?

Sempre que um usuário efetua *login* em um aplicativo, o aplicativo obtém os dados do usuário do provedor de armazenamento remoto e os exibe para o usuário. Toda a computação ocorre em servidores mantidos na "nuvem".

Imagine que dois usuários, André e Maria. Ambos têm perfil no *WhatsApp*, *Facebook* ou *Snapshot*. Eles interagem com o provedor do aplicativo. Esses aplicativos estão basicamente executando um banco de dados na "nuvem" para fornecer serviços ao usuário.

Sempre que Maria quiser interagir com André usando qualquer aplicativo de mensagens, Alice envia uma mensagem para o provedor de serviços que, então, entrega a mensagem para André.

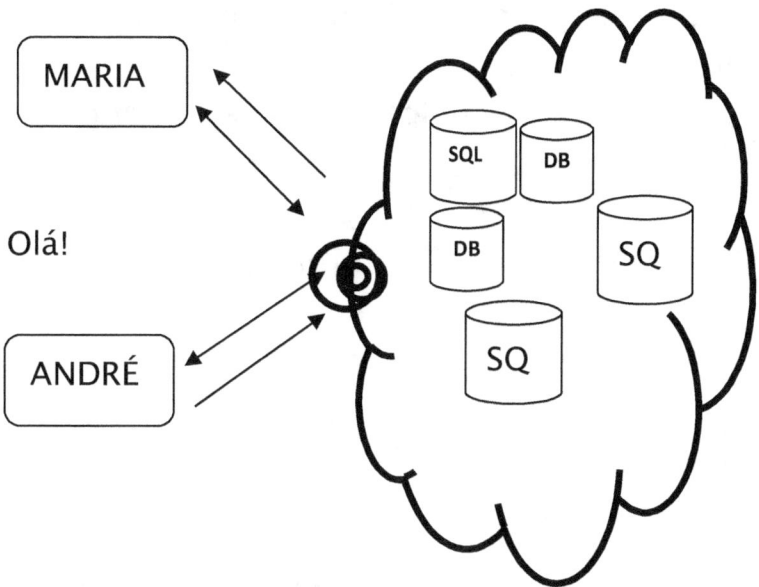

Então, na comunicação entre dois usuários no aplicativo tradicional, primeiro Maria envia um "olá" para o provedor de armazenamento. Em seguida, o provedor de armazenamento envia para André a mensagem de Maria. Existe, pois, um caminho a ser percorrido entre Maria, o fornecedor de armazenamento e André.

Não há um caminho direto entre Maria e André.

Isso resulta em centralização, e o provedor grava dados em nome dos usuários Maria e

André, e determina como as mensagens entre eles devem ser compartilhadas. Maria e André encontram as mensagens uns dos outros consultando o servidor centralizado. O provedor é sempre a única "fonte de verdade" (Blockstack, 2019).

## Os problemas do armazenamento centralizado

*1 - As gravações de leitura não estão estritamente associadas à identidade do usuário.*

Não há garantia para André de que a mensagem que ele recebeu é na verdade de Maria ou foi adulterada.

Além disso, essas grandes empresas não estão oferecendo seus serviços gratuitamente. Eles ganham dinheiro com dados de usuários vendendo dados de usuários para terceiros. Dessa forma, eles podem segmentar melhor os clientes em potencial.

Em alguns casos, eles não estão nem fazendo isso ilegalmente, como bem demonstrado nos filmes "*The Great Hack*" (disponível na *Netflix*), e "*Brexit*" (acessível na *HBO*).

*2 - O usuário não pode escolher provedores de armazenamento diferentes.*

Apenas o provedor de aplicativos escolhe um provedor de armazenamento e para onde os dados do usuário vão.

*3 - O usuário não pode controlar quem vê seus dados.*

Os provedores de armazenamento podem sempre verificar seus dados.

## Como sistemas de armazenamento descentralizado, baseados em blockchain, resolvem os problemas do armazenamento centralizado

Para dar ao usuário o controle de seus dados e associar estritamente seus dados à identidade do usuário, sistemas de armazenamento descentralizado (como *Gaia, Swarm, IPFS, Storj*, dentre outros) e o sistema de nomenclatura de blockchain – *BNS, Blockchain Naming System*.

O usuário pode efetuar *login* no aplicativo descentralizado usando a identidade digital fornecida pelo sistema de nomenclatura de blockchain (*BNS*).

Os dados do usuário serão fortemente acoplados à chave pública do usuário. Os aplicativos irão ler / gravar dados no hub do aplicativo descentralizado em nome de um usuário (se e somente se o usuário permitir).

Todos os dados do usuário serão transferidos para o *hub* [9] do aplicativo descentralizado. Em um aplicativo descentralizado padrão, um hub é usado para armazenar dados do usuário criptografados pela chave pública do usuário. Dessa maneira, os provedores de armazenamento só veem uma "coleção de dados"[10].

## — **Criptografia aplicada**

A criptografia existe há diversos anos e forma a base para muitos sistemas seguros e descentralizados. Os blockchains ressuscitaram o interesse na criptografia, tornando-a mais fácil de usar, com interfaces amigáveis para gerenciar chaves privadas e software melhor projetados.

## — Redes *peer-to-peer*

Conquanto **conexões P2P** existam desde 1990, e tenham alcançado certa popularidade com o surgimento dos programas de compartilhamento (Tor Browser, BitTorrent), foram as estruturas blockchain que elevaram tais conexões a outro nível. Só agora podemos avançar e descentralizar toda a estrutura de dados do atual sistema centralizado[11]. Veremos mais sobre redes *peer-to-peer* no próximo capítulo.

## — Novos navegadores com suporte blockchain

Novos navegadores como *Brave*[12], *Blockstack*[13], e outros já estão disponíveis e suportam blockchains de várias maneiras.

Brave permite pagamentos baseados em blockchain.

O navegador *Blockstack* se conecta a uma nova Internet descentralizada.

> *Eis, portanto, a verdadeira beleza da arquitetura blockchain e sua importância: contribuir para a construção da Web 3.0. Uma nova internet, descentralizada, segura e preocupada com a proteção de dados (*Revoredo, 2018*).*

Por fim, vale lembrar que a Web3 ainda está em fase de maturação[14].

Está, contudo, redesenhando a infraestrutura da internet para empoderar novamente o ser humano, mudando o atributo cliente servidor e eliminando a dependência de uma Web fragmentada (que viabilizou violações de dados dos usuários e escândalos como o da *Cambridge Analytica*).

# GLOSSÁRIO

*Assinatura digital*

É um esquema matemático usado para calcular a autenticidade dos ativos digitais.

*Block Explorer*

Um "Block Explorer" ou blockchain browser, é um site ou programa de computador que permite você visualizar e navegar por uma blockchain. Os "Block Explorer" mostram, de forma amigável e legível ao ser humano, todas as transações, endereços, blocos e outras informações de uma blockchain. Exemplos: https://www.blockchain.info ou https://www.blocktrail.com/BTC

*BTC*

Abreviação da unidade monetária do bitcoin.

## Consenso

Consenso para uma rede blockchain, é o processo colaborativo que os membros de uma rede blockchain distribuída usam para concordar que uma transação é valida e manter o ledger consistentemente sincronizado. Em um contexto de blockchain de negócios, uma ampla variedade de mecanismos de consenso está disponível para escolha. Onde a confiança é alta, a votação por maioria simples pode ser suficiente, ou a rede pode optar por usar um método mais sofisticado.

## Criptografia

Criptografia ou técnicas criptografadas são os métodos de utilização de cifras matemáticas (códigos) para proteger ou "criptografar" as transações conforme elas são armazenadas ou compartilhadas.

## Criptomoeda

O termo genérico para qualquer ativo digital ou "token" que pode ser extraído, comprado ou transacionado dentro de uma rede de blockchain ou de contabilidade distribuída. A mais famosa criptomoeda é o bitcoin e outras incluem o éter, o Litecoin e o NEO, entre mais de mil outros.

## Double spending

O gasto duplo (Tradução livre de double spending) acontece quando uma mesma "criptomoeda" / token é utilizada mais de uma vez em diferentes transações em uma blockchain. A situação de gasto duplo pode ocorrer quando, por exemplo, uma certa usuária Maria tentar transferir uma moeda para outro usuário André, mas não informar nenhum outro usuário do sistema sobre essa transação. Maria, portanto, pode criar outra transação com a mesma moeda para outro usuário Ricardo e esta ainda será válida sob as regras do sistema. Isso faz com que ambos os usuários (Ricardo e André) receptores da moeda de Maria possuam uma mesma moeda, que foi gasta duas vezes pela mesma pessoa.

## Escalabilidade

Desempenho de uma blockchain em termos de velocidade e volume de transações.

## Exchange

É uma corretora de criptomoedas. Local utilizado para troca entre moedas e ativos criptográficas (tokens, criptomoedas etc.). Exchange de bitcoins são utilizadas para trocar bitcoin por moedas FIAT ou outras criptomoedas.

## Hard Fork

Hard fork é uma divergência permanente da versão anterior de uma blockchain. É um novo conjunto de regras de consenso é introduzido na rede que não é compatível com a rede mais antiga. No Bitcoin, os hard forks são deixados como último recurso (o SegWit foi finalmente adotado depois que Pieter Wuille descobriu como implementá-lo como um *soft fork*).

## Hashing criptográfico e ponteiros (função)

Ferramentas de criptografia usadas em redes blockchain. As funções de hashing transformam qualquer entrada (por exemplo, uma senha ou arquivo jpeg) em uma cadeia de caracteres que serve como uma impressão digital digital exclusiva e criptografada dos dados, chamada de hash. Um ponteiro de hash registra onde algumas informações são armazenadas.

As funções hash criptográficas têm muitos aplicativos de segurança da informação, principalmente em assinaturas digitais, códigos de autenticação de mensagens (MACs) e outras formas de autenticação.

## ICO

ICO (Initial Coin Offering) é como uma pré-venda de alguma criptomoeda ou token. Num ICO, você compra antes de lançarem a plataforma blockchain, pra ajudar os desenvolvedores com capital, apostando que após o lançamento, os tokens / criptomoedas daquela plataforma valha mais do que voce pagou na pré-venda.

## Imutabilidade

Refere-se à capacidade de não ser alterada – os dados armazenados em um blockchain são muito difíceis de serem alterados, mesmo pelos administradores. No entanto, a imutabilidade absoluta não existe.

## Interoperabilidade

Para que as plataformas blockchain tenham sucesso, elas precisarão ser capazes de se comunicar e compartilhar dados. Isto é, elas precisarão ser interoperáveis.

## Mainstream

Mainstream são as ideias, atitudes ou atividades consideradas normais ou convencionais; a tendência dominante na opinião, na tecnologia, na moda ou nas artes.

## Mempool

O Mempool é uma "área de espera" para transações de Bitcoin que cada node completo mantém para si. Depois que uma transação é verificada por um nó, ela aguarda dentro do Mempool até ser apanhada por um minerador de Bitcoin e inserida em um bloco.

## Merkle trees

Em 1979, Ralph Merkle patenteou o conceito de haxixe, mais conhecido como uma árvore Merkle (a patente expirou em 2002). A idéia básica subjacente a uma árvore Merkle é ter um conjunto de dados ou pontos de dados vinculados a outro, unindo-os e tornando os dados difíceis de ajustar devido à interligação. As árvores de hash podem ser usadas para verificar qualquer tipo de dados armazenados, manipulados e transferidos entre computadores. Eles podem ajudar a garantir que os blocos de dados recebidos de outros pares em uma rede peer-to-peer não estejam danificados nem alterados, e até mesmo verificar se os participantes da rede não removeram, alteraram ou adicionaram blocos ilegítimos no sistema.

## Minerador

Vide Validador.

## Mineração

Ato de gerar ou validar um bloco numa blockchain, resolvendo problemas criptográficos com um computador ou hardware específico.

## Nodes ou nós (de rede)

Os nós representam agentes de rede ou participantes, como bancos, agências governamentais, indivíduos, fabricantes e empresas de valores mobiliários dentro de uma rede distribuída. Dependendo das permissões definidas na rede, eles podem aprovar / validar, enviar ou receber transações e dados. Eles podem validar transações através de um protocolo de consenso antes de enviá-las para um razão compartilhada (embora nem todos os nós realizem validações dependendo do sistema, arquitetura e outros).

## Oráculos

Um oráculo, no contexto de blockchains e contratos inteligentes, é um agente que localiza e verifica ocorrências do mundo real e envia essas informações para um blockchain a ser usado por contratos inteligentes.

## Pool

Coleção de mineradores que se agrupam para minerar coletivamente um bloco, e depois dividir a recompensa entre eles. Pools de mineração são uma ótima maneira para aumentar a probabilidade de êxito conforme a dificuldade aumenta.

## Protocolo de consenso

Conjunto de regras e processo(s) que determinam como os nós chegam a um acordo sobre um conjunto de dados e se devem aprovar (validar) transações na rede. De acordo com o "*MIT Center for Information Systems Research*", ele é definido como o algoritmo usado para validar transações e blocos. O consenso pode depender de criptografia e uma porcentagem de votos dos participantes (nós) para validar um bloco. Os protocolos de consenso também devem fornecer um mecanismo para resolver conflitos de bloqueio. No outro extremo do espectro, em alguns blockchains de propriedade privada, o proprietário pode decidir que apenas as partes envolvidas e um outro nó são obrigados a validar. A quantidade de tempo e o poder de computação necessários para executar um blockchain variam significativamente com base no tipo de consenso e na porcentagem de nós necessários.

## *Rede Peer-to-Peer*

Uma rede peer-to-peer é aquela em que dois ou mais computadores compartilham arquivos e acessam dispositivos sem precisar de um servidor ou software de servidor.

## Soft Fork

Tanto os "soft forks" como os "hard forks" representam uma mudança permanente nas regras subjacentes do protocolo da Blockchain, e podem ocorrer, ou para adicionar funcionalidade extra à rede na forma de atualizações; ou para alterar uma regra principal no protocolo.

Um "*soft fork*" é uma atualização de software que é compatível com as versões anteriores do software.

## Timestamp

Também, é conhecido como carimbo de data e hora distribuído. Na computação, o registro de data e hora refere-se ao uso de um carimbo de data / hora eletrônico para fornecer uma ordem temporal entre um conjunto de eventos. Em um blockchain, os "*timestamp*" mostram que os blocos estão conectados em ordem cronológica. Marca o tempo para cada transação na blockchain. Um timestamp prova quando e o que aconteceu na blockchain e é à prova de falsificação. Ele desempenha o papel eficaz de um notário e é mais crível, porque é extremamente difícil alterar os registros.

## Token (para uma rede blockchain)

É um ativo digital usado em uma transação blockchain. Um token pode ser nativo do blockchain, como uma criptomoeda, ou pode ser uma representação digital de um ativo fora da cadeia (conhecido como ativo tokenizado), como o título de uma casa.

## Validador

Um "validador" refere-se ao computador / entidade que realiza um processo de revisão computacional em cada "bloco" de dados em um "blockchain" antes que um bloco seja considerado confirmado / aprovado. Um "minerador" é um exemplo de um validador no contexto de um protocolo de consenso de prova de trabalho.

Os mineradores também criam novos blocos e competem pelo direito de criar o próximo bloco em uma blockchain, resolvendo um desafio computacional.

# BIBLIOGRAFIA

AgUnity. (2019). AgUnity: Blockchain for the Greater Good. Disponível em: https://www.agunity.com . [Acesso em Janeiro de 2019]

Anand, Shefali. (2018). A Pioneer in Real Estate Blockchain Emerges in Europe: Sweden's Lantmäteriet will test using blockchain technology for property sales. Disponível em: https://www.wsj.com/articles/a-pioneer-in-real-estate-blockchain-emerges-in-europe-1520337601?mod=searchresults&page=1&pos=3 . [Acesso em Janeiro de 2019]

Antonopoulos, A; Wood, Dr. G. (2018). *Mastering Ethereum – Building Smart Contracts and Dapps.* O'REILLY. First Edition.

Berberich M; Steiner M. (2016). *'Blockchain technology and the GDPR – How to Reconcile Privacy and Distributed Ledgers?'* 2 European Data Protection Law Review 422, 425 and Finck M (2018), 'Blockchains and Data Protection in the European Union' 4 European Data Protection Law Review, p. 17.

Bacon J et al. (2018). *Blockchain Demystified: A Technical and Legal Introduction to Distributed and Centralised Ledgers.* Richmond Journal of Law and Technology 1, p. 63

Binance Academy. (2019). *Ataque Sybil.* Disponível em: https://www.binance.vision/pt/security/sybil-attacks-explained . [Acesso em Julho de 2019]

Bitcoin community: *Protocol rules.* Disponível em: https://en.bitcoin.it/wiki/Protocol_rules . [Acesso em Janeiro de 2019]

Bitcoin community: *Protocol specification.* Disponível em: https://en.bitcoin.it/wiki/Protocol_specification. [Acesso em Janeiro de 2019]

Bitcoin community: *Protocol source*. Github. Disponível em: https://github.com/bitcoin/bitcoin . [Acesso em Janeiro de 2019]

Blockchain Council. (2018). Blockchain Developers Are In Demand. Here's How To Learn The Skills For It. Disponível em: https://www.blockchain-council.org/blockchain/blockchain-developers-are-in-demand-heres-how-to-learn-the-skills-for-it/ . [Acesso em Abril de 2019]

Blockchain.info. (2019). *Bitcoin market capitalizatoin*. Disponível em: http://blockchain.info/charts/market-cap . [Acesso em Dezembro de 2018]

Blockchain.info. (2019). Distribuição da Taxa de Hash. Disponível em: https://www.blockchain.com/pt/pools . [Acesso em Agosto de 2019]

Blockstack. (2019). *Gaia: A decentralized high-performance storage system*. Github. Disponível em: https://github.com/blockstack/gaia . [Acesso em Maio de 2019]

Blockstack. (2019). The Blockstack Decentralized Computing Network. Blockstack.org. Disponível em: https://blockstack.org/whitepaper.pdf . [Acesso em Maio de 2019]

Blockstak (2019). *Use Blockstack*. Disponivel em: https://blockstack.org/install [Acesso em Maio de 2019]

Brave. (2019). Browser Brave Secure & Private. Open Source Web Browser. Disponível em: https://brave.com/bra908 [Acesso em Maio de 2019]

Buterin, Vitalik. (2016). *A Proof of Stake Design Philosophy*. Fonte: Medium. Disponível em: https://medium.com/@VitalikButerin/a-proof-of-stake-design-philosophy-506585978d51 [Acesso em Dezembro de 2018]

Buterin, Vitalik. (2017). *The Meaning of Decentralization*. Fonte: Medium. Disponível em: https://medium.com/@VitalikButerin/the-meaning-of-decentralization-a0c92b76a274 [Acesso em Junho de 2018]

Buterin, Vitalik; Wood, Gavin. Ethereum Explained in 100 seconds. YouTube. Disponível em: https://www.youtube.com/watch?v=eRDKP8nCVtU . [Acesso em Abril de 2019]

Canaltech. (2019). *O que é widget?* Disponível em: https://canaltech.com.br/produtos/O-que-e-widget/ [Acesso em Maio de 2019]

CARDOZO BLOCKCHAIN PROJECT. Research Report #2 (2018). "Smart Contracts & Legal Enforceability". Disponível em: https://cardozo.yu.edu/sites/default/files/Smart%20Contracts%20Report%20%232_0.pdf. Acesso em: 16/4/2019.

Centre for International Governance Innovation. (2018). *What is blockchain?*. Disponível em CIGI on Line.

Chaum, D. (1982) *Blind signatures for untraceable payments*. Crypto, Volume 82, páginas 199–203.

ConsenSys. (2019). *Gartner: Blockhchain Will Deliver 3.1 Trilhion Dollars In Value by 2030*. Disponível em: https://media.consensys.net/gartner-blockchain-will-deliver-3-1-trillion-dollars-in-value-by-2030-d32b79c4c560 . [Acesso em Junho de 2019].

Cuen, Leigh. (2019). *Microsoft Launches Decentralized Identity Tool on Bitcoin Blockchain*. Coindesk. Disponível em: https://www.coindesk.com/microsoft-launches-decentralized-identity-tool-on-bitcoin-blockchain. [Acesso em Junho de 2019]

Decker, C., Wattenhofer, R. Information propagation in the bitcoin network. IEEE P2P.

De Filippi, Primavera. (2017). *What Blockchain Means for the Sharing Economy.* Harvard Business Review.

Emerson, Ralph Waldo. (1893). *Society and Solitude: Twelve Chapters*. Nova York: Houghton, Mifflin.

Eric Piscini, Gys Hyman, Wendy Henry. (2017). *Blockchain: Trust economy — Tech Trends.* DELOITTE Insights.

Ethereum. (2018). *Ethereum State Transition Function.* Github. Disponível em: https://github.com/ethereum/wiki/wiki/White-Paper#ethereum-state-transition-function. [Acesso em Junho de 2019].

Ethereum. (2018). *Philosophy.* GitHub. Disponível em: https://github.com/ethereum/wiki/wiki/White-Paper#philosophy . [Acesso em Junho de 2019].

ETHEREUM101. (2018). *What is Ethereum?* Slides from Ethereum team. Disponível em: http://ethereum101.org/slideshow/3. [Acesso em Junho de 2019].

Eyal, Ittay; Sirer, Emin Gun. (2013). *Majority is not Enough: Bitcoin Mining is Vulnerable.* Cornell University. Disponível em: https://arxiv.org/abs/1311.0243 . [Acesso em Junho de 2019]

Gartner. (2019). *How to Position Blockchain Platforms to Increase Adoption*. Disponível em: https://www.gartner.com/document/3909078?ref=solrAll&refval=221177808&qid=b96eab586d1bd06d8898f . Acesso em Junho de 2019].

Hearn, Mike. (2016). *Corda: A distributed ledger. Corda Technical Whitepaper*. Corda. Disponível em: https://docs.corda.net/ static/corda-technical-whitepaper.pdf . [Acesso em Outubro de 2018]

Hirai, Yoichi. "A Linguagem de Programação da Solidity". O Ethereum Wiki. Disponível em: <https://github.com/ethereum/wiki/wiki/The-Solidity-Programming-Language>. [Acesso em Abril de 2019].

IEEE Consumer Eletronics Magazine. (2018). Blockchains Can Work For Car Insurance: Using Smart Contracts and Sensors to Provide On-Demand Coverage. Disponível em: https://ieeexplore.ieee.org/document/8386868 . [Acesso em Maio de 2019].

Intellias. (2018). *How to make a Smart Contract Work for the Insurance Industry.* Disponível em: https://www.intellias.com/how-to-make-a-smart-contract-work-for-the-insurance-industry/ . [Acesso em Dezembro de 2018]

IPFS. (2019). IPFS is the Distributed Web. Disponível em: *https://ipfs.io* [Acesso em Maio de 2019]

Jimmy S. (2018). *Blockchain: how a 51% attack works (double spend attack.* Coinmonks. Disponível em: https://medium.com/coinmonks/what-is-a-51-attack-or-double-spend-attack-aa108db63474 . [Acesso em Maio de 2018].

Kopp, Wilfried. (2019). Polkadot – Keeping and eye on the Polkadot network. Medium. Disponível em: https://medium.com/polkadot-network/polkabot-a3dba18c20c8 [Acesso em Outubro de 2018]

Lamport, L., Shostak, R. & Pease, M. (1982). The Byzantine Generals Problem. ACM Transactions on Programming Languages and Systems, páginas 382-401

Lipsey, Richard; Kenneth I. Carlaw; Clifford T. Bekhar. (2005). *Economic Transformations: General Purpose Technologies and Long Term Economic Growth*. Oxford University Press, pp. 131–218.

Meegan, Danielle. (2016). *Ethereum Founder Suggests Hard Fork To Stop DoS Attacks*. ETHNews. Disponível em: https://www.ethnews.com/ethereum-founder-suggests-hard-fork-to-stop-dos-attacks . [Acesso em abril de 2018]

Mougayar, William (Author); Butterin, Vitalik (Prologo). (2017). The Business Blockchain: Promise, Practice, and Application of the Next Internet Technology. Amazon.

Nakamoto, S.. (2008). Bitcoin: A peer-to-peer electronic cash system.

Namecoin. (2019). *Freedom of Information*. Disponível em: https://namecoin.org [Acesso em Maio de 2019]

Namecoin Project. (2013). *Namecoin dns – dotbit project*. Disponível em: https://dot-bit.org . [Acesso em maio de 2019].

NORTON, Steven (2017). **Law Firm Hogan Lovells Learns to Grapple with Blockchain Contracts**. WSJ.com.. Disponível em: <http://blogs.wsj.com/cio/2017/02/01/law-firm-hogan-lovells-learns-to-grapple-with- blockchain-contracts/. [Acesso em Abril de 2019].

Research Gate. (2018). *Smart Contract-based Car Insurance Policies*. Disponível em: https://www.researchgate.net/publication/327987487_Smart_Contract-Based_Car_Insurance_Policies [Acesso em Maio de 2019].

Saïd Business School - University of Oxford (2018), *Oxford Blockchain Strategy Programme.* Fonte: Saïd Business School. Disponível em: https://www.sbs.ox.ac.uk/programmes/oxford-blockchain-strategy-programme [Acesso em maio de 2018].

Stack Overflow. (2019). Developer Survey Results 2019. Disponível em: https://insights.stackoverflow.com/survey/2019?utm_source=so-owned&utm_medium=blog&utm_campaign=dev-survey-2019&utm_content=launch-blog#overview . [Acesso em Julho de 2019]

Parity. (2019). *About Parity Technologies*. Disponível em: https://www.parity.io/about/ [Acesso em Janeiro de 2019]

Parity. (2019). *Open-source technologies for a society run on peer-to-peer networks*. Disponível em: https://www.parity.io/ . [Acesso em Março de 2019]

PARLIAMENTARY SECRETARIAT FOR FINANCIAL SERVICES, DIGITAL ECONOMY AND INNOVATION. (2018). *Malta – A Leader in DLT Regulation*. Fonte: Office of the Prime Minister. Disponível em: https://www.fff-legal.com/wp-content/uploads/2018/02/FSDEI-DLT-Regulation-Document.pdf [Acesso em Agosto de 2018]

Polkadot. (2019). *Polkadot — A scalable, interoperable & secure netowork protocol for the next web.* Disponível em: https://polkadot.network/technology/ [Acesso em Maio de 2019]

Polkadot. (2019). *Polkadot Implementations.* W3f. Disponível em: https://wiki.polkadot.network/en/latest/polkadot/learn/implementations/ [Acesso em Maio de 2019]

Polyswarm. (2018). *5 Companies Already Brilliantly Using Smart Contracts.* Disponível em: https://medium.com/polyswarm/5-companies-already-brilliantly-using-smart-contracts-ac49f3d5c431 . [Acesso em Junho de 2018]

Powell, J. H. (2017). *Speech: Innovation, Technology, and the Payment System - At Blockchain: The Future of Finance and Capital Markets.* Fonte: THE FEDERAL RESERVE. Disponível em: https://www.federalreserve.gov/newsevents/speech/powell20170303a.htm [Acesso em Março de 2017]

Ray, Shaan. (2018). The Difference Between Blockchain And Distributed Ledger Technology. Towards Data Science.

Revoredo, Tatiana. (2017). *A digitalização da sociedade: economia da web no Brasil*. Jota. Disponível em: https://www.jota.info/opiniao-e-analise/artigos/a-digitalizacao-da-sociedade-economia-da-web-no-brasil-18052017 [Acesso em Agosto de 2019]

Revoredo, Tatiana. (2019). *Blockchain as an instrument for achieving the full exercise of democracy*. European Law Observatory on New Technologies. Disponível em: https://www.elontech.org/blockchain-instrument-achieving-full-exercise-democracy/ . [Acesso em Agosto de 2019]

Revoredo, Tatiana; Pimazoni, Eduardo. (2018). Blockchain e as vantagens da descentralização do setor energético. Blockmaster. Disponível em:

https://www.blockmaster.com.br/artigos/blockchain-e-as-vantagens-da-descentralizacao-do-setor-energetico/ . [Acesso em Agosto de 2019]

Revoredo, Tatiana. (2018). Os Avanços Econômicos proporcionados pelas Blockchains. Meio & Mensagem. Disponível em: https://www.proxxima.com.br/home/proxxima/how-to/2019/02/21/os-avancos-economicos-proporcionados-pelos-blockchains.html . [Acesso em Agosto de 2019]

Revoredo, Tatiana; Borges, Rodrigo. (2018). Blockchain e Leis de Proteção de Dados: incompatíveis? Jornal O Estado de São Paulo. Disponível em: https://politica.estadao.com.br/blogs/fausto-macedo/blockchains-e-as-leis-de-protecao-de-dados-incompativeis/ [Acesso em Dezembro de 2018]

Revoredo, Tatiana. (2018). Blockchain e seu potencial de impactar a sociedade e de criar modelos de negócios ainda inimagináveis. Criptofácil. Disponível em: https://www.criptofacil.com/blockchain-e-seu-potencial-de-impactar-a-sociedade-e-criar-modelos-de-negocio-ainda-inimaginaveis/ [Acesso em Agosto de 2018]

Revoredo, Tatiana. (2018). *Blockchain vs. DLTs: Brief comparative analysis of its underlying resources*. Fonte: Coinmonks. Disponível em: https://medium.com/coinmonks/blockchains-vs-dlts-8fe03df39737 [Acesso em Agosto de 2018]

Revoredo, Tatiana.; Pimazoni, Eduardo. (2019). Casos de Sucesso da tecnologia blockchain no setor de energia. Disponível em: https://politica.estadao.com.br/blogs/fausto-macedo/casos-de-sucesso-da-tecnologia-blockchain-no-setor-de-energia/ . [Acesso em Agosto de 2019]

Revoredo, Tatiana. (2019). *Cibersegurança, Blockchain e o hack da corretora de criptomoedas Coinmama*. CIO. Disponível em: https://cio.com.br/ciberseguranca-blockchain-e-o-hack-da-corretora-de-criptomoedas-coinmama/ . [Acesso em Março de 2019]

Revoredo, Tatiana. (2019). *Constantinople e o atraso no upgrade da rede Ethereum: Porquê atualizar Blockchains é um desafio?*. Criptofacil. Disponível em: https://www.criptofacil.com/constantinople-e-o-atraso-no-upgrade-da-rede-ethereum/ [Acesso em Agosto de 2019]

Revoredo, Tatiana. (2018) *Criptomoedas: análise comparativa com moeda eletrônica e moeda estrangeira*. Fonte: Criptofácil. Disponível em: https://www.criptofacil.com/criptomoedas-analise-comparativa-com-moeda-eletronica-e-moeda-estrangeira/ [Acesso em Outubro de 2018]

Revoredo, Tatiana. (2017). *Criptomoedas: cenário global e tendências*. Access in February 2018, Fonte: JOTA. Disponível em: https://www.jota.info/opiniao-e-analise/artigos/criptomoedas-cenario-global-e-tendencias-27102017 [Acesso em Novembro de 2017]

Revoredo, Tatiana. (2018). *Era uma vez... a origem das criptomoedas. Quando realmente tudo começou*. Fonte: BlockchainBR. Disponível em: https://medium.com/blockchainbr/era-uma-vez-a-origem-das-criptomoedas-ea7bc0ce6ebc [Acesso em Outubro de 2018]

Revoredo, Tatiana. (2018). *In Blockchain, We Trust: conheça o novo guardião da confiança*. Medium. Disponível em: https://medium.com/@tatianarevoredo/in-in-blockchain-we-trust-meet-the-new-gatekeeper-733642da2463 [Acesso em Outubro de 2018]

Revoredo, Tatiana. (2017). *Legal "Status" of Cryptocurrencies in Brazil: Current regulatory regime and legal framework of cryptocurrencies – Brazilian experience*. Fonte: Medium: https://medium.com/@tatianarevoredo/legal-status-of-cryptocurrencies-in-brazil-273b712a0e50 [Acesso em Novembro de 2017]

Revoredo, Tatiana. (2019). *Libra – A Moeda Virtual do Facebook*. Medium. Disponível em: https://medium.com/@tatianarevoredo/libra-a-moeda-virtual-do-facebook-9948253f40d [Acesso em Junho de 2019].

Revoredo, Tatiana. (2018). *Os desafios da escalabilidade do Blockchain. Blockchains podem escalar e manter seu caráter distribuído?* The Global Strategy. Disponível em: https://theglobalstrategy.com.br/2019/01/06/os-desafios-da-escalabilidade-do-blockchain/ [Acesso em Junho de 2019)

Revoredo, Tatiana. (2018). *Reflexões sobre a regulação de novas tecnologias.* JOTA. Disponível em: https://www.jota.info/opiniao-e-analise/artigos/reflexoes-sobre-regulacao-de-novas-tecnologias-13012018#sdendnote4anc [Acesso em Fevereiro de 2018]

Rosic, Ameer. (2018). *Basic Primer: Blockchain Consensus Protocol.* Blockgeeks. Disponível em: https://blockgeeks.com/guides/blockchain-consensus/. [Acesso em Junho de 2019]

Rosic, Ameer. (2018). *What is Cardano Blockchain? Most Comprehensive Guide Step-by-Step.* Blockgeeks. Disponível em: https://blockgeeks.com/guides/what-is-cardano/ . [Acesso em Junho de 2019]

Sanchez, E. (2018). Malta determinada a tornar-se a Ilha Blockchain: regulamentos, adoção, sede da Binance. Fonte: Cointelegraph. Disponível em: https://br.cointelegraph.com/news/malta-determined-to-become-the-blockchain-island-regulations-adoption-binance-headquarters [Acesso em Maio de 2018]

Satoshi Nakamoto Institute. (2008). *E-mails | Satoshi Nakamoto Institute*. [online] Disponível em: https://satoshi.nakamotoinstitute.org/emails/ [Acesso em 20 de Dezembro de 2013].

Schneider-Ammann, J. (2018). *Keynote Speech by Swiss Federal Councillor Johann Schneider-Ammann*. Fonte: Crypto Finance Conference. Disponível em: https://www.crypto-finance-conference.com/en [Acesso em janeiro de 2018]

Schumann. (2018). *Consensus Mechanism Explained: PoW vs. PoS*. Hackernoon. Disponível em: https://hackernoon.com/consensus-mechanisms-explained-pow-vs-pos-89951c66ae10 [Acesso em janeiro de 2019]

Swan, Melanie. In: Blockchain — Blueprint for a new economy. O'Reilly Media, 2015.

SZABO, Nick. (1997). *Smart Contracts: Formalizing and Securing Relationships on Public Networks.* First Monday, Volume 2, Number 9, 1 September 1997. Disponível em: https://firstmonday.org/ojs/index.php/fm/article/view/548/469. Acesso em: 16/4/2019

Techopedia. (2019). Internet of Everything. Disponível em: https://www.techopedia.com/definition/30121/internet-of-everything-ioe . [Acesso em Março de 2019]

The Center for Public Integrity. (2012). Rules Against Coordination Between Super PACS, Candidates, Tough to Enforce. Federal Politics. Disponível em: https://publicintegrity.org/federal-politics/rules-against-coordination-between-super-pacs-candidates-tough-to-enforce/ . [Acesso em Junho de 2019]

THE G20 COMMUNIQUEÉ. (2018). *Communiqué Annex Finance Ministers & Central Bank Governors.* Fonte: The G20 Communiqué. Disponível em: http://www.g20.utoronto.ca/2018/2018-03-30-g20_finance_annex-en.pdf [Acesso em Março de 2018]

THE GOVERNMENT OF REPUBLIC OF GEORGIA. (2016). *The Bitfury Group and Government of*

Republic of Georgia. Expand Historic . *Blockchain Land-Titling Project.* Disponível em: https://bitfury.com/content/downloads/the_bitfury_group_republic_of_georgia_expand_blockchain_pilot_2_7_16.pdf . [Acesso em Junho de 2019]

THE UNITED STATES OF AMERICA, CONGRESS OF THE UNITED STATES. (2018). *2018 Economic Report of The President.* Disponível em: https://www.congress.gov/115/crpt/hrpt596/CRPT-115hrpt596.pdf [Acesso em abril de 2018].

THE UNITED STATES OF AMERICA, United States Senate Committee Hearing about Virtual Currencies. (2018). Full Committee Hearing - Virtual Currencies: The Oversight Role of hte U.S. Securities and Exchange Commission and the U.S. Commodity Futures Trading Commission. Fonte: UNITED STATES COMMITTEE ON BANKING, HOUSING, AND URBAN AFFAIRS. Disponível em: https://www.banking.senate.gov/hearings/virtual-currencies-the-oversight-role-of-the-us-securities-and-exchange-commission-and-the-us-commodity-futures-trading-commission [Acesso em Fevereiro de 2018]

The Linux Foundation. (2019). *Hyperledger Explainer*. Hyperledger. Disponível em: https://youtu.be/js3ZjxboBTM [Acesso em Março de 2018]

The Linux Foundation. (2019). *Hyperledger Whitepaper*. Hyperledger Architecture, Volume 1. Disponível em: https://www.hyperledger.org/wp-content/uploads/2017/08/Hyperledger_Arch_WG_Paper_1_Consensus.pdf [Acesso em Fevereiro de 2018]

Ulrich, F. In: "Discurso proferido em Brasília, na Audiência pública de 5/7/2017". Fonte: Youtube. Disponível em: https://www.youtube.com/watch?v=2GxaPkoHNv4&feature=youtu.be. [Accesso em Outubro de 2017]

UNITED ARAB EMIRATES. (2018). Dubai Land Department Real Estate Blockchain. Disponível em: https://www.itu.int/net4/wsis/archive/stocktaking/Project/Details?projectId=1515496900 . [Acesso em Março de 2018]

Vaidya, Kiran. (2016). The Byzantine General´s Problem. Medium. Disponível em: https://medium.com/all-things-ledger/the-byzantine-generals-problem-168553f31480 . [Accesso em Dezembro de 2018]

Vishnumurthy, V., Chandrakumar, S., Sirer, E.G. (2003). *Karma: A secure economic framework for peer-to-peer resource sharing.* Workshop on Economics of Peerto-Peer Systems.

Wood, Gavin. (2016). *Ethereum: A Secure Decentralised Generalised Transaction Ledger: EIP-150 Revision.* Gavwood.com. Disponível em: http://gavwood.com/Paper.pdf. [Acesso em Junho de 2019].

Wood, Gavin. *Ethereum for Dummies.* YouTube. Disponível em: https://www.youtube.com/watch?v=U_LKOt_qaPo . [Acesso em maio de 2019].

World Economic Forum. (2018). How Secure Is Blockchain? Disponível em: https://www.weforum.org/agenda/2018/04/how-secure-is-blockchain/ . [Acesso em Janeiro de 2019].

Yang, B., Garcia-Molina, H. (2003). *PPay: micropayments for peer-to-peer systems.* Proceedings of the 10th ACM conference on Computer and communications security, ACM, páginas 300–310.

Valenta, Martin; Sandner, Phillip. (2017). *Comparison of Ethereum, Hyperledger Fabric and Corda.* Frankfurt School Blockchain Center.

Web3 Foundation. (2019). WEB3. Disopnível em: https://web3.foundation/ . [Accesso em Agosto de 2019]

Web Consortitum. (2019). *Architecture of the World Wide Web – Volume One*. Disponível em: https://www.w3.org/TR/webarch/ . [Acesso em janeiro de 2019]

Web Consortium. (2019). *Web vs. Internet*. Disponível em: https://www.w3.org/Help/#webinternet . [Acesso em abril de 2018].

Wikipedia. (2019). *BitTorrent*. Wikipedia: A enciclopédia livre. Disponível em: https://pt.wikipedia.org/wiki/BitTorrent [Acesso em março de 2019]

Wikipedia. (2019). *Kazaa*. Wikipedia: A enciclopédia livre. Disponível em: https://pt.wikipedia.org/wiki/Kazaa [Acesso em março de 2019]

Wikipedia. (2018). *Napster*. Wikipedia: A enciclopédia livre. Disponível em: https://pt.wikipedia.org/wiki/Napster [Acesso em março de 2019]

Wikipedia. (2018). *Compliance*. Wikipedia: A enciclopédia livre. Disponível em: https://pt.wikipedia.org/wiki/Compliance [Acesso em janeiro de 2018]

Wikipedia. (2018). *Consenso*. Wikipedia: A enciclopédia livre. Disponível em: https://pt.wikipedia.org/wiki/Consenso . [Acesso em maio de 2019]

Xu, Bent. (2018). Blockchain vs. Distributed Ledger Technologies. Consensys.

Zamfir, Vlad. (2016). *The History of Casper – Chapter 4*. Medium. Disponível em: https://medium.com/@Vlad_Zamfir/the-history-of-casper-chapter-4-3855638b5f0e . [Acesso em junho de 2019]

# REFERÊNCIAS

[1] Este tópico foi objeto de um artigo chamado "Blockchain e seu potencial de impactar a sociedade e criar modelos de negócios ainda inimagináveis." (Revoredo, 2018).

[2] Este tópico foi objeto de um artigo chamado "Which problems have cryptocurrencies come to solve? Blockchain Bitcoin as a disruptive technology.", Blockchain Academy, 2017 (Revoredo, 2017).

[3] Widget é um componente que pode ser utilizado em computadores, celulares, *tablets* e outros aparelhos para simplificar o acesso a um outro programa ou sistema. Eles geralmente contêm janelas, botões, ícones, menus, barras de rolagem e outras funcionalidades.

⁴ *Napster*, criado por Shawn Fanning e seu cofundador Sean Parker, é um serviço de streaming de música pertencente à *Rhapsody International Inc.*, contando com aproximadamente 40 milhões de faixas. Anteriormente, foi o programa de compartilhamento de arquivos em rede P2P criado em 1999, que protagonizou o primeiro grande episódio na luta jurídica entre a indústria fonográfica e as redes de compartilhamento de música na Internet. Compartilhando, principalmente, arquivos de música no formato MP3, o Napster permitia que os usuários fizessem o download de um determinado arquivo diretamente do computador de um ou mais usuários de maneira descentralizada, uma vez que cada computador conectado à sua rede desempenhava tanto as funções de servidor quanto as de cliente (Wikipedia, 2019).

⁵ *Kazaa* é um programa de computador para o compartilhamento de arquivos através da tecnologia P2P. Permite a troca de arquivos de música, imagens e outros arquivos do gênero. Muito perseguido pela RIAA, a associação das gravadoras norte-americanas, pela troca de arquivos ilegais. (Wikipedia, 2019)

6 *BitTorrent* é uma maneira de compartilhar arquivos entre usuários em forma de protocolo de rede que permite ao utilizador realizar downloads de arquivos sem que o arquivo em si precise estar em um servidor. É mais um exemplo de rede peer-to-peer de transferência de arquivos entre dois ou mais usuários(Wikipedia, 2019).

7 Apesar de não ser a única por trás disso, e ainda não ser a ideal para armazenar uma grande quantidade de dados devido a problemas como escalabilidade

8 A Web Foundation (Fundação Web3) incentiva e administra tecnologias e aplicações nos campos dos protocolos descentralizados de software da Web, particularmente aqueles que utilizam métodos criptográficos modernos para salvaguardar a descentralização, em benefício e para a estabilidade do ecossistema Web3.

9 A grosso modo, permite a ligação de vários computadores em um ponto de rede único, distribuindo informações e conexões entre todos os computadores interligados. O hub recebe pacotes de dados vindos de um computador e os transmite a outros computadores da rede.

10 Ou "data blobs", objeto grande básico na tradução literal), que é uma coleção de dados binários armazenados como uma única entidade em um sistema de gerenciamento de banco de dados. Blobs eram originalmente apenas pedaços amorfos de dados inventados por Jim Starkey.

11 Mesmo que o futuro seja mais descentralizado, isto não significa que esqueceremos completamente o sistema centralizado. Eles também têm vantagens e, em algumas situações, ainda podemos usá-los em favor das pessoas.

12 *Brave* é um navegador web livre e de código aberto desenvolvido pela *Brave Software Inc.*, e baseado no navegador *Web Chromium*. O navegador bloqueia anúncios e rastreadores de sites. Em uma versão futura do navegador, a empresa propôs a adoção de um modelo de negócio *pay-to-surf* (Wikipedia, 2019).

13 *Blockstack* é uma plataforma de computação descentralizada de código aberto. As bibliotecas de software Blockstack permitem que os desenvolvedores criem aplicativos descentralizados, que não possuem um único ponto de falha ou controle (Wikipedia, 2019).

14 A transição seria primeiro criar uma rede parcialmente descentralizada e depois converter

totalmente em descentralização. No entanto, você também deve considerar o fato de que, mesmo que sejam mais seguros, são muito mais lentos do que antes

[15] Revoredo, Tatiana. In: A digitalização da sociedade: economia da web no Brasil. Jota, 2017.

[16] Revoredo, Tatiana. In: Reflexões sobre regulação de novas tecnologias. Jota, 2018.

[17] De Filippi, Primavera. In: "What Blockchain Means for the Sharing Economy", Harvard Business Review, 2017.

[18] Eric Piscini, Gys Hyman, Wendy Henry. In: Blockchain: Trust economy–Tech Trends, DELOITTE Insights, 2017.

[19] Swan, Melanie. In: Blockchain – Blueprint for a new economy. O´Reilly Media, 2015.

[20] Lipsey, Richard; Kenneth I. Carlaw; Clifford T. Bekhar. (2005). Economic Transformations: General Purpose Technologies and Long Term Economic Growth. Oxford University Press, pp. 131–218.

[21] Veremos mais detalhadamente o que é uma rede *peer-to-peer* em tópico próprio, neste mesmo capítulo.

[22] ETHEREUM101. (2018). *What is Ethereum?* Ethereum team. Disponível em: http://ethereum101.org/slideshow/3. [Acesso em Junho de 2019].

[23] Open source é um termo em inglês que significa código aberto. Isso diz respeito ao código-fonte de um software, que pode ser adaptado para diferentes fins. O termo foi criado pela OSI (Open Source Initiative)

[24] Ou qualquer validador de confiança tradicional como bancos e corporações.

[25] Obras de arte, nossa reputação na internet e nossa qualidade de "bons pagadores", podem ser citados como outros tipos de valor, diferentes de dinheiro.

[26] Como os projetos "Colored Coins" and "Mastercoin" Que usavam o Bitcoin como um token de transação para qualquer tipo de transação econômica ou contrato legal

[27] Como esclarece Jimmy Song, no texto The Truth about smart contracts, há uma crença equivocada de que os contratos inteligentes existem apenas no Ethereum. Isso não é verdade. O Bitcoin teve, desde o início em 2009, uma linguagem de contrato inteligente bastante extensa chamada Script. Na verdade, existiam

contratos inteligentes antes do Bitcoin, em 1995. A diferença entre a linguagem de contrato inteligente do Bitcoin e a do Ethereum é que o Ethereum é Turing-complete. Ou seja, a Solidity (linguagem de contrato inteligente da ETH) permite contratos mais complicados.

[28] Projetada para uma única função, qual seja, Remessas de dinheiro eletrônico sem intermediários

[29] Voshmgir, Shermin. (2019) In: Token Economy – How Blockchains and Smart Contracts Revolutionize the Economy. BlockchainHub Berlim.

[30] O termo hash será esclarecido mais adiante.

[31] Business of Blockchain Conference, evento realizado MIT Media Lab, nos dias 1º e 2º de maio de 2019, onde importantes nomes da indústria blockchain debateram como blockchains têm influenciado a maneira de se fazer negócios.

[32] Idem Note 29.

[33] Um ataque do tipo Sybil é um tipo de ameaça a um sistema online onde uma pessoa tenta assumir o controle da rede criando múltiplas contas, nodes ou poder de computação.

Isso pode vir a ser tão simples quanto uma pessoa criando diversas contas em redes sociais. Mas no mundo das criptomoedas, um exemplo mais relevante é quando alguém executa diversos nodes numa rede Blockchain.

A palavra "Sybil" tem origem num livro chamado Sybil. O livro é um caso de estudo sobre uma mulher chamada Sybil Dorsett, que havia sido diagnosticada com Transtorno Dissociativo de Identidade – TDI (*Binance Academy*)

34 Pseudo-anonimato (ou anonimato relativo) significa, no blockchain Bitcoin, por exemplo, que uma pessoa estará ligada a um endereço público Bitcoin, mas ninguém irá conhecer o nome ou endereço real. Para explicar isso em palavras simples, suponha que uma pessoa envie uma quantia em dinheiro e, em seguida, o receptor saberá que o remetente está vinculado a um endereço de bitcoin, mas não saberá o endereço real. Por isso, dizemos que bitcoin ou quaisquer outras moedas alternativas não são inteiramente anônimas..

35 Os blockchains mais recentes, como o Monero e o Zcash, desenvolveram protocolos nos quais a identidade de um endereço é completamente anônima.

36 Um valor de hash é uma soma de verificação, que é calculada a partir do conteúdo a ser verificado. Se o conteúdo foi alterado, o valor de hash não coincide mais.

37 Os nós ou nodes representam agentes de rede ou participantes, como bancos, agências governamentais, indivíduos, fabricantes e empresas de valores mobiliários dentro de uma rede distribuída. Dependendo das permissões definidas na rede, eles podem aprovar / validar, enviar ou receber transações e dados. Eles podem validar transações através de um protocolo de consenso antes de enviá-las para um razão compartilhada (embora nem todos os nós realizem validações dependendo do sistema, arquitetura e outros).

38 Revoredo, Tatiana. In: Os desafios da escalabilidade do Blockchain, The Global Strategy, 2018.

39 Não entraremos aqui na discussão sobre o significado da descentralização (Buterin, 2016). Devido ao nosso objetivo aqui, trataremos desta questão em outro livro. Fica aqui apenas a ressalva.

40 Node ou "nó" é um computador que executa um software específico que permite que o

computador processe e comunique informações a outros nós. Em blockchains, cada nó armazena uma cópia do ledger e as informações são retransmitidas de nó em nó, até serem transmitidas a todos os participantes da rede.

[41] Veremos mais detalhadamente os principais mecanismos de consenso mais a frente.

[42] Há quem defenda que Prova de Trabalho, Prova de Participação e DAGs não são mecanismos de consenso, como Emin Gün Sirer e Dmitrii Zhelezov (Pós-doutor pelo Renyi Institute of Mathematics, e pesquisador de Criptografia). Meu posicionamento também é este, mas para não fugir muito do objetivo do livro, vou tratar deste tema em um artigo a parte.

[43] Os nodes ou nós representam agentes de rede ou participantes, como bancos, agências governamentais, indivíduos, fabricantes e empresas de valores mobiliários dentro de uma rede distribuída. Dependendo das permissões definidas na rede, eles podem aprovar / validar, enviar ou receber transações e dados. Eles podem validar transações através de um protocolo de consenso antes de enviá-las para um razão compartilhada (embora nem todos os nós realizem validações dependendo do sistema, arquitetura e outros).

⁴⁴ Tokens são um tipo de ativo digital que pode ser rastreado ou transferido em um blockchain. Tokens são frequentemente usados como uma representação digital de ativos como commodities, ações e até mesmo produtos físicos. Os tokens também são usados para incentivar os atores a proteger e manter redes blockchain. São usados também como sinônimos de criptomoedas ou criptoativos.

⁴⁵ Observe que essas limitações não existem para blockchains privados. Uma rede privada pode garantir que cada computador da seja de alta qualidade com rápida conexão à internet. Atualmente, escalar o blockchain exigiria que adicionássemos mais computação a cada nó para que a rede ficasse mais rápida. Como as redes gerenciadas de forma privada controlam todos os nós da rede, elas podem fazer isso [Kasireddy, Preeti. In: Blockchains don´t scale not today at least, but there is hope, Medium, 2017).

⁴⁶ https://etherscan.io/chart/gaslimit

⁴⁷ https://github.com/ethereum/wiki/wiki/Proof-of-Stake-FAQs#what-is-proof-of-stake

⁴⁸ https://github.com/ethereum/wiki/wiki/Proof-of-Stake-FAQs#what-is-proof-of-stake

⁴⁹ https://github.com/ethereum/EIPs/issues/35

[50] O proof of stake é um dos protocolos de consenso que dá a segurança a rede, impedindo a duplicação. Em blockchains tradicionais baseados em proof-of-work, os mineradores mantêm a integridade dos dados da rede. Ao competirem para resolver enigmas matemáticos de computação em troca de recompensas, eles validam as transações com sua potência computacional. Logo, quanto maior a força computacional dos mineradores, maior sua capacidade de influenciar a rede. Já no proof-of-stake, as partes interessadas votam com suas criptomoedas, em vez de usar seu poder computacional.

[51] Dispositivos computacionais que integram a rede

[52] No Ethereum, os usuários pagam por etapas computacionais, memória, logs de transação e armazenamento permanente. Enquanto a maioria destes recursos são pagos de forma devidamente incentivada, o armazenamento não é. No sistema atual, os usuários pagam apenas por bytes de armazenamento. No entanto, fato é que o armazenamento difere dos outros recursos porque ele é armazenado permanentemente nos blocos.

⁵³ https://ethereum.stackexchange.com/questions/375/what-is-swarm-and-what-is-it-used-for

⁵⁴ Os soft forks e os hard forks representam uma mudança permanente nas regras subjacentes do protocolo da Blockchain, e podem ocorrer, ou para adicionar funcionalidade extra à rede na forma de atualizações; ou para alterar uma regra principal no protocolo.

Um *soft fork* é uma atualização de software que é compatível com as versões anteriores do software.

⁵⁵ BUTERIN, Vitalik. *Ethereum Whitepaper*. Disponível em: <https://github.com/ethereum/wiki/wiki/White-Paper> Acesso em: 15/4/ 2019

⁵⁶ Massimo Bartoletti e Livio Pompianu. Uma Análise Empírica de Contratos Inteligentes: Plataformas, Aplicações e Padrões de Design (2017), Disponível em: <https://arxiv.org/pdf/1703.06322.pdf> Acesso em 15/4/2019.

⁵⁷ SZABO, Nick. (1997) *Smart Contracts: Formalizing and Securing Relationships on Public Networks*. First Monday, Volume 2, Number 9, 1 September 1997. Disponível em:

https://firstmonday.org/ojs/index.php/fm/article/view/548/469. Acesso em: 16/4/2019

[58] Hard fork é uma divergência permanente da versão anterior de um blockchain; um novo conjunto de regras de consenso é introduzido na rede que não é compatível com a rede mais antiga. No Bitcoin, os hard forks são deixados como último recurso (o SegWit foi finalmente adotado depois que Pieter Wuille descobriu como implementá-lo como um soft fork).

[59] https://bitfury.com/content/downloads/the_bitfury_group_republic_of_georgia_expand_blockchain_pilot_2_7_16.pdf

[60] https://www.wsj.com/articles/a-pioneer-in-real-estate-blockchain-emerges-in-europe-1520337601?mod=searchresults&page=1&pos=3

[61] https://www.itu.int/net4/wsis/archive/stocktaking/Project/Details?projectId=1515496900

[62] https://www.ibtimes.co.uk/blockchain-based-ubitquity-pilots-brazils-land-records-bureau-1615518

[63] Magnus Kempe, "The Land Registry in the Blockchain - testbed," Kairos Future, March 2017, source

64 https://www.blockmaster.com.br/artigos/blockchain-e-as-vantagens-da-descentralizacao-do-setor-energetico/

65 https://politica.estadao.com.br/blogs/fausto-macedo/casos-de-sucesso-da-tecnologia-blockchain-no-setor-de-energia/

66 "AgUnity: Blockchain for the Greater Good", AgUnity, source

67 https://www.elontech.org/blockchain-instrument-achieving-full-exercise-democracy/

# AUTORA

Tatiana Revoredo é fundadora e CSO na The Global Strategy. Representante do "*European Law Observatory on New Technologies*", no Brasil. Professora de Blockchain no INSPER. Membro fundadora da "*Oxford Blockchain Foundation*". Blockchain Strategist pela "*Saïd Business School, University of OXFORD*". Especialista em "*Blockchain: Innovation and Business Application*" pelo MIT – *Massachusetts Institute of Technology*. Especialista em *Cyber Risk*

*Mitigation* por *HARVARD University*. Convidada pelo Parlamento Europeu para o "Intercontinental Blockchain Conference". Membro do "Crypto Valley Association". Membro do "Government Blockchain Association". Patron Member do "International Blockchain Real Estate Association". Esteve nos maiores eventos mundiais sobre criptomoedas, blockchain e ICOs como o "1st Annual Crypto Finance Conference" em St. Moritz, Consensus em Nova Iorque, Fórum Econômico Mundial em Davos, Fórum Mundial da Internet em Zurich, entre outros. Autora de diversos artigos sobre blockchain, criptomoedas e direito digital. Especialista em Direito Constitucional pelo LFG Business e em Direito Digital pelo INSPER. Graduada em Direito pela Pontifícia Universidade Católica de São Paulo – PUC/SP.

www.ingramcontent.com/pod-product-compliance
Lightning Source LLC
Chambersburg PA
CBHW070615220526

45466CB00001B/6